Sobre a prudência

Dados Internacionais de Catalogação na Publicação (CIP)
(Câmara Brasileira do Livro, SP, Brasil)

Tomás de Aquino, Santo, 1225-1274.
  Sobre a prudência / Santo Tomás de Aquino ; tradução de Alessandro Baccari – Petrópolis, RJ : Vozes, 2021. – (Coleção Vozes de Bolso)

  Título original: *De Prudentia* [*Summa Theologiae II-II*, Questiones 47-56]

  1ª reimpressão, 2025.

  ISBN 978-65-5713-139-8

  1. Prudência – Obras anteriores a 1800 2. Virtudes cardeais – Obras anteriores a 1800 I. Título. II. Série.

  21-62346   CDD-241.4

Índices para catálogo sistemático:
1. Prudência : Ética cristã : Cristianismo   241.4

Cibele Maria Dias – Bibliotecária – CRB-8/9427

Santo Tomás de Aquino

Sobre a prudência

Tradução de Alessandro Beccari

Vozes de Bolso

Tradução do original em latim intitulado
De prudentia (*Summa theologiae II-II*, Questiones 47-56)

© desta tradução:
2021, Editora Vozes Ltda.
Rua Frei Luís, 100
25689-900 Petrópolis, RJ
www.vozes.com.br
Brasil

Todos os direitos reservados. Nenhuma parte desta obra
poderá ser reproduzida ou transmitida por qualquer forma e/ou
quaisquer meios (eletrônico ou mecânico, incluindo fotocópia e
gravação) ou arquivada em qualquer sistema ou banco de dados
sem permissão escrita da editora.

CONSELHO EDITORIAL	**PRODUÇÃO EDITORIAL**
Diretor	Anna Catharina Miranda
Volney J. Berkenbrock	Eric Parrot
	Jailson Scota
Editores	Marcelo Telles
Aline dos Santos Carneiro	Mirela de Oliveira
Edrian Josué Pasini	Natália França
Marilac Loraine Oleniki	Priscilla A.F. Alves
Welder Lancieri Marchini	Rafael de Oliveira
	Samuel Rezende
Conselheiros	Verônica M. Guedes
Elói Dionísio Piva	
Francisco Morás	
Teobaldo Heidemann	
Thiago Alexandre Hayakawa	
Secretário executivo	
Leonardo A.R.T. dos Santos	

Editoração: Elaine Mayworm
Diagramação: Sheilandre Desenv. Gráfico
Revisão gráfica: Anna Carolina Guimarães
Capa: Ygor Moretti

ISBN 978-65-5713-139-8

Este livro foi composto e impresso pela Editora Vozes Ltda.

Sumário

Nota sobre a tradução, 7

Questão 47, 13

Questão 48, 46

Questão 49, 51

Questão 50, 68

Questão 51, 76

Questão 52, 86

Questão 53, 96

Questão 54, 110

Questão 55, 117

Questão 56, 134

Nota sobre a tradução

Com o intuito de transmitir aos leitores um maior contato com o ambiente das questões disputadas, que transparece no tratado *Sobre a prudência*, nesta tradução procurou-se preservar as fórmulas tradicionais do discurso escolástico, tendo em conta sua natureza eminentemente pragmática. Nesse sentido, optamos por traduzir literalmente termos ou frases que representam marcadores textuais, como *dicendum quod* ("deve-se dizer que") e *videtur quod* ("parece que"), elementos que dão coesão aos artigos, unidades dialéticas fundamentais das questões 47 a 56 (II-II) da *Suma Teológica* de Tomás de Aquino.

No texto original, deparamo-nos com termos cuja tradução mostrou-se especialmente difícil; geralmente são itens comuns ao clima intelectual escolástico, mas cujas acepções tornaram-se incomuns ou têm significados diferentes de seus homógrafos no vocabulário especializado da filosofia posterior à Idade Média (LALANDE, 1999). Nos parágrafos a seguir, como ilustração das dificuldades enfrentadas, apresentaremos sumariamente três exemplos: a versão do termo *ratio*, que aparece com frequência no quinto artigo da Questão 49, e a tradução de *actus* e *actio*.

Sobre a polissemia da palavra *ratio*, basta mencionar o grande número de acepções que possui no *Novissimo diccionario latino-portuguez* de Saraiva (1896), entre as quais as mais comuns são oriundas de Cícero: "cálculo", "método", "medida", "proporção", "relação", "referência a", "causa", "sistema", "argumento", "raciocínio", "opinião", "inteligência", "juízo" etc. Nuchelmans (1973), em sua obra sobre as teorias da proposição antigas e medievais, discute a polissemia do termo *lógos* no grego da filosofia aristotélica e estoica, elencando um número igualmente grande de acepções: *speech, discourse, meaningful sounds, group of words, utterance, sentence, statement-making utterance, assertion, that which is stated, argument*, encontradas principalmente nas *Categorias* e no *Da Interpretação* de Aristóteles, bem como nos estoicos. Pode-se dizer, entretanto, que na filosofia clássica antiga o sentido geral de *lógos* e *ratio* está ligado àquilo que entendemos por raciocínio e discurso.

O dicionário medieval latino-francês de Le Ver (1440), conhecido como *DLV* (*Dictionarius de Firmin Le Ver*), dá, para *ratio*, a seguinte definição: *discretio, scientia, sententia sive deffinitio vel quidam modus animi vera a falsis distinguens* ("discernimento, conhecimento, sentença ou definição, ou um certo modo da alma que distingue as coisas verdadeiras das falsas") e o traduz para o francês como *raison* (LE VER, 1440, p. 421). Assim, no início do séc. XV, um dos principais sentidos de *ratio* parece estar ligado ao discernimento ou julgamento relacionado à verdade ou falsidade dos enunciados. Já o dicionário de Le Talleur (1490, p. 328) define *ratio* como *aspectus animi quo per seipsum non per corpus intuetur aut est ipsum quod contemplatur [...]* ("o olhar da alma por meio de que considera por si mesma e não pelo corpo, ou a própria coisa contemplada"). Observa-se na definção de Le Talleur a noção antiga e medieval de que o entendimento é a adequação da mente à ordem subjacente às coisas. A correspondência entre o raciocínio e a ordem das coisas, resultante da capacidade de julgar corretamente, é encontrada no *Thomas-Lexikon* de Schütz, em que se distinguem 19 acepções para *ratio* nas obras de Tomás de Aquino, das quais a mais comum é a de uma faculdade natural de inquirir e discorrer sobre a verdade das coisas apreendidas pelos sentidos (*Summa Theologiae* II-II, q.49, a.5[1]) – a verdade das coisas sendo a ordem a que o entedimento se ordena. No tratado *Sobre a prudência*, *ratio* corresponde às definições dos dicionários medievais aqui mencionados e ao sentido mais geral indicado por Schütz, sendo sinônimo de raciocínio ou juízo em Saraiva (1896) e Nuchelmans (1973). Ademais, "razão" é um sinônimo de "raciocínio" no português atual. Portanto, optamos por traduzir *ratio* como "razão".

Também foram comuns as dúvidas quanto à tradução de termos pertencentes ao mesmo campo semântico. É o caso da dupla *actus* e *actio*. Optamos por traduzir *actus* sempre por "ato", visto que, segundo o dicionário de Abbagnano (2000, p. 90), *actus* vem do grego *enérgeia* ou *entelékheia* e significa: 1ª[2] "operação que emana do homem ou de um poder específico dele" (próprio do homem); 2ª "realidade que se realizou ou se vai realizando, do ser que alcançou ou está alcançando sua forma plena e final, em contraposição com o que é simplesmente potencial ou possível" (*Metafísica* IX 1048a 37). Para Lalande (1999, p. 103), "Aristóteles estabelece uma distinção entre a atividade que tende para um objeto exterior (p. ex., a construção) e a atividade que é ela própria o seu fim (a visão, o pensamento etc.)"; tal distinção encontra-se na *Metafísica* (IX 1050a 23-7). No *Sobre a prudência*, como *actus* designa uma operação própria do ser humano e representa uma atividade que é ela própria o seu fim, "ato" pareceu-nos sem dúvida a tradução mais adequada para *actus*.

---

1. Cf. o 5º Artigo da 49ª Questão da 2ª Parte da *Suma Teológica*.

2. Cf. a 1ª acepção.

Actio, por sua vez, foi traduzido como "ação", com base em Prisciano (séc. VI, apud SARAIVA, 1896, p. 19), que afirma que o termo *actio* está relacionado com "ação, movimento" e, na gramática, com "verbos ativos e passivos". Ademais, Abbagnano demonstra que *actio* vem do grego *práxis* e em Aristóteles significa: 1ª "ação livre e voluntária, que é o fazer ou produzir"; 2ª "ação necessária (ações não humanas/ações não voluntárias)". O mesmo autor informa-nos que Tomás de Aquino distingue ação transitiva (*transiens*), que passa de quem opera para a matéria externa, como queimar, serrar etc., e ação imanente (*immanens*), que permanece no próprio agente, como sentir, entender, querer (*Summa Theologiae* II-I, q.3, a.2); diz-nos também que Tomás de Aquino identifica a ação transitiva com o fazer ou o produzir aristotélico (*Summa Theologiae* II-I, q.57, a.4) (2000, p. 8). Por conseguinte, "ação" é a tradução mais apropriada para *actio*.

Ao longo do trabalho, o texto traduzido foi cotejado com a edição revisada da tradução para o inglês da *Suma Teológica* do Pe. Laurence Shapcote (Benziger Brothers, 1947) e com a tradução para italiano, do Pe. Tito S. Centi e Pe. Angelo Zello Belloni (2009) – edição eletrônica revisada da edição publicada entre 1949 e 1975. Consultou-se também a tradução, com introdução e notas, de Jean Lauand (2005).

O texto latino é o mesmo utilizado na última reimpressão da tradução do Pe. Laurence Shapcore (1947), publicada pela primeira vez em 1911 e proveniente da *Editio Leonina* da *Suma Teológica* (1888-1906 [tomos IV-XII]).

Em relação às citações bíblicas, em sua maior parte são da *Bíblia Sagrada* (2005), mas também, por vezes, traduziu-se diretamente da *Vulgata* (1994) ou foram extraídas de *A Bíblia de Jerusalém* (1985).

Nesta tradução não se utilizou o código de Bekker para as citações das obras de Aristóteles. Ao invés disso, empregou-se o sistema que acreditamos ter sido usado pelo Pe. Laurence Shapcore (1947 [1911]), semelhante ao da Edição Leonina, em que as partes e subdivisões das obras são referenciadas por números romanos e algarismos indo-árabicos, respectivamente.

Referências

ARISTÓTELES. "Categorias". In: COOK, H.P. (trad.). *Categories.* On Interpretation. Prior Analytics. Cambridge: Harvard University Press, 1996.

_____. "Metafísica". In: YEBRA, V.G. (ed.). *Metafísica de Aristóteles*. Madri: Gredos, 1970.

ABBAGNANO, N. *Dicionário de filosofia*. 4. ed. São Paulo: Martins Fontes, 2000 [trad. A. Bosi et al.].

A Bíblia de Jerusalém. São Paulo: Paulinas, 1985.

Biblia Sacra Vulgata. Barueri: Sociedade Bíblia do Brasil/Deutsche Bibelgesellschaft, 1994 [em latim].

Bíblia Sagrada. Petrópolis: Vozes, 2005.

Dicionário de latim-português e português-latim. Porto: Porto Ed., 2000.

LALANDE, A. *Vocabulário técnico e crítico da filosofia*. 3. ed. São Paulo: Martins Fontes, 1999.

LE VER, F. "Firmini Verris dictionarius: Dictionaire latin-français de Firmin Le Ver". In: EDWARDS, W. & MERRILES, B. (eds.). *Lexica latina medii aevi*: Nouveau recueil des lexiques latin-français du Moyen Age. Toronto: Turnhout Brepols Publishers, 1994.

LE TALLEUR. G. "Dictionarius familiaris et compendiosus: Dictionaire latin-français de

Guillaume Le Talleur". In: MERRILES, B. & EDWARDS, W. (eds.). *Lexica latina medii aevi*: Nouveau recueil des lexiques latin-français du Moyen Age. Toronto: Turnhout Brepols Publishers, 2002.

NUCHELMANS, G. *Theories of the proposition*: Ancient and medieval conceptions of the bearers of truth and falsity. Amsterdã/Londres: North-Holland Publishing Company, 1973.

SARAIVA. *Novissimo diccionario latino-portuguez*: Etymologico, prosodico, historico, geographico, mythologico, biographico etc. 2. ed. Rio de Janeiro: B.L. Garnier, 1896.

SHÜTZ, L. "Thomas-Lexikon". In: ALARCÓN, E. (ed.). *Corpus thomisticum*. Universidade de Navarra, 2006 [Disponível em: https://www.corpusthomisticum.org/tl.html. Acesso em: 04/02/2021].

TOMÁS DE AQUINO. *Somma Teologica*. Flesole/Firenze: 2009 [1949-1975] [Trad. Pe. Tito S. Centi e Pe. Angelo Zello Belloni] [Disponível em: https://www.documentacatholicaomnia.eu/03d/1225-1274,_Thomas_Aquinas,_Summa_Theologiae_(p_Centi_Curante),_IT.pdf. Acesso em: 04/02/2021].

_____. *A prudência*: A virtude da decisão certa. São Paulo: Martins Fontes, 2005 [Trad. Jean Lauand].

_____. *Summa Theologiae*: I, 1ª Parte. Madri: La Editorial Católica, 1955.

_____. *The Summa Theologica*. Benziger Brothers, 1947 [Trad. Pe. Laurence Shapcote (Província Dominicana Inglesa, 1864-1947)] [Disponível em: https://www.ccel.org/a/aquinas/summa/home.html. Acesso em 31/01/2021].

TORRINHA, F. *Dicionário latino-português*. Porto: Gráficos Reunidos, 1942.

Questão 47

Proêmio

Depois de tratar das virtudes teologais, devemos agora discutir, no que diz respeito às virtudes cardeais, primeiramente sobre a prudência; e em primeiro lugar, a prudência em si mesma; em segundo lugar, as partes que a constituem; em terceiro, o dom correspondente; em quarto, os vícios contrários; em quinto, seus preceitos. Sobre o primeiro tema, há 16 indagações: a primeira é se a prudência estaria na vontade ou na razão; a segunda, caso esteja na razão, se na razão prática apenas ou também na especulativa; a terceira, se a prudência diria respeito ao conhecimento de coisas singulares; a quarta, se seria uma virtude; a quinta, se seria uma virtude específica; a sexta, se prescreveria a finalidade das virtudes morais; a sétima, se porventura se constituiria em um meio para essas virtudes; a oitava, se prescrever é seu ato próprio; a nona, se a solicitude e a vigilância pertencem à prudência; a décima, se a prudência abrange o governo de muitos; a décima primeira, se a prudência que diz respeito ao bem próprio é da mesma espécie que a prudência que abrange o bem comum; a décima segunda, se a prudência estaria só nos governantes ou também nos súditos; a décima terceira, se se encontra prudência nos maus; a décima quarta, se é encontrada em todos os bons; a décima quinta, se a prudência estaria em nós de modo natural; a décima sexta, se pode ser perdida por esquecimento.

Artigo 1: A prudência está na vontade ou na razão?

Parece que a prudência não estaria em nossa capacidade de conhecer, mas de querer, pois Agostinho, no livro *Os costumes da Igreja Católica comparados aos dos maniqueus*, XV, declara que a prudência é o amor que escolhe sagazmente entre as coisas que ajudam e as que produzem impedimento. Ora, o amor não está na capacidade de conhecer, mas na de querer. Portanto, a prudência está na capacidade de querer.

Ademais, como consta na definição acima, pertence à prudência escolher sagazmente. Ora, a escolha é um ato da capacidade de querer, como foi visto anteriormente (I-II, q.13, a.1). Logo, a prudência não está na capacidade de conhecer, mas na de querer.

Além disso, o Filósofo, na Ética (VI, 5), diz que, na arte, é melhor pecar por escolha, mas, na prudência e demais virtudes, é pior. Ora, as virtudes morais a que ele se refere são em parte volitivas, mas a arte está na razão. Logo, a prudência está mais na parte volitiva que na razão.

Pelo contrário, Agostinho declara, na Questão 61 do Livro 83 de suas *Questões*, que a prudência é o conhecimento das coisas que se devem querer ou evitar.

A isso respondo dizendo que Isidoro, no Livro X das *Etimologias*, declara que o prudente é como aquele que vê à distância: sendo perspicaz, enxerga os casos incertos. Mas a visão não faz parte da virtude apetitiva e sim da cogniscitiva. Daí fica manifesto que a prudência pertence diretamente à virtude cogniscitiva e não à sensitiva, porque por meio desta conhece-se somente as coisas que se oferecem imediatamente aos sentidos. Porém, conhecer as coisas futuras a partir das coisas presentes ou passadas pertence à prudência, o que é próprio da razão, pois se trata de um procedimento de comparação. Disso resulta que a prudência está na razão propriamente.

À primeira objeção, deve-se dizer, como foi dito anteriormente (I-I, q.82, a.4), que a vontade move todas as potências a seus atos. Ora, o primeiro ato da virtude apetitiva é o amor (I-II, q.25, a.1). Desse modo, portanto, diz-se que a prudência não corresponde ao amor de maneira essencial, mas apenas enquanto o amor move ao ato de prudência. Daí que Agostinho dirá que a prudência é o amor que discerne bem entre as coisas que ajudam a se aproximar de Deus das que podem impedir. No entanto, declara-se que o amor discerne na medida em que leva a razão a discernir.

À segunda objeção, deve-se dizer que o prudente considera as coisas que estão distantes como sendo ordenadas a auxiliar ou impedir as que devem ser realizadas no presente. Daí é evidente que a prudência considera que aquelas estão ordenadas a estas como fim. Ademais, dessas coisas ordenadas a um fim, existe deliberação na razão e escolha na vontade. Das duas, a deliberação pertence mais propriamente à prudência. De fato, o Filósofo diz, na Ética (VI, 5, 7, 9), que a pessoa prudente é aquela que bem delibera. Todavia, como a escolha pressupõe a deliberação e, segundo a Ética (III, 2), existe, de fato, um desejo pelo que já foi deliberado, logo, o escolher pode ser atribuído à prudência de modo consequente, a saber, enquanto dispõe uma escolha por meio de uma deliberação.

À terceira objeção, deve-se dizer que a lei da prudência não consiste somente na deliberação, mas na aplicação ao ato, que é o fim da razão prática. Portanto, se ocorre defeito nisso, é maximamente contrário à prudência; porque, assim como o fim é o que mais importa em qualquer coisa, também o defeito acerca do fim é o pior de todos. Daí que, no trecho supracitado, o Filósofo continua dizendo que a prudência não opera somente com a razão, como a arte, mas também, como foi dito, com uma aplicação ao ato, que é feita pela vontade.

Artigo 2: Se está na razão, a prudência diz respeito somente à razão prática ou também à especulativa?

Parece que a prudência não pertenceria somente à razão prática, mas também à especulativa. Pois Pr 10,23 nos diz que, para o ser humano, a sabedoria é a prudência. Ora, a sabedoria consiste principalmente na contemplação; portanto, também na prudência.

Além disso, Ambrósio diz (*De officiis* I, 24) que a prudência está voltada para a investigação da verdade e infunde o desejo do conhecimento pleno. Mas isso pertence à razão especulativa. Logo, a prudência também consiste na razão especulativa.

Ademais, o Filósofo coloca a arte e a prudência na mesma parte da alma, como é manifesto na Ética (VI, 5). Todavia, não encontramos somente arte prática, mas também especulativa, como fica evidente nas artes liberais. Portanto, descobre-se que a prudência é tanto prática quanto especulativa.

Porém, contrário a isso, o Filósofo diz na Ética (VI, 5) que a prudência é a reta razão nos modos de agir, e isso pertence apenas à razão prática. Logo, a prudência está somente na razão prática.

Respondo dizendo que, como declara o Filósofo na Ética (VI, 5), é uma característica da pessoa prudente ser capaz de receber bom conselho. Ora, o conselho diz respeito a coisas que devemos fazer para chegar a um fim; e a razão das coisas que se precisa fazer por causa de um fim é prática. Daí fica manifesto que a prudência não consista em outra coisa que não seja a razão prática.

No que diz respeito à primeira objeção, deve-se declarar, como discutido acima, que a sabedoria considera a causa suprema de maneira simples. Assim, a consideração da causa suprema em qualquer gênero pertence à sabedoria naquele gênero. A causa suprema dos atos humanos é o fim comum de toda a vida humana. E a prudência direciona-se para esse fim. Nesse sentido, o Filósofo, na Ética (VI, 5), declara que, assim como aquele que raciocina bem acerca de algum fim particular, por exemplo, acerca da vitória, é dito prudente não de modo simples, mas em certo gênero, a saber: nas artes da guerra, aquele que raciocina a respeito da totalidade do bem viver é dito prudente de modo simples. Daí fica manifesto que a prudência é a sabedoria nas coisas humanas, mas não a sabedoria em sentido simples, porque não é acerca da causa suprema de modo simples: é, na verdade, acerca do bem humano, mas o ser humano não é a coisa mais ótima de todas as que existem. Portanto, é possível declarar de maneira significante que a prudência é uma sabedoria acerca do ser humano, mas não é a sabedoria em sentido simples.

Quanto à segunda objeção, deve-se afirmar que Ambrósio e também Túlio tomam o nome "prudência" em um sentido mais amplo e o aplicam a qualquer tipo de conhecimento humano, seja especulativo seja prático. Embora se possa dizer que o ato próprio da razão especulativa, como algo voluntário, seja classificado como uma escolha e uma deliberação, com respeito ao seu exercício, e, consequentemente, pertença à categoria da prudência. Porém, quanto a sua espécie, conforme se dispõe a seu objeto, que é a verdade necessária, não se classifica como deliberação ou prudência.

À terceira objeção, deve-se declarar que toda aplicação da reta razão a algo factível pertence à arte. Mas não pertence à prudência senão a aplicação da reta razão às coisas sobre as quais existe deliberação, e estas são aquelas nas quais não existem caminhos predeterminados para se chegar a um fim, como diz a Ética (III, 3). Portanto, é por isso que a razão especulativa faz certas coisas, por exemplo, o silogismo, a proposição e outras desse tipo, em que se procede por caminhos certos e predeterminados. Por isso, com respeito a essas coisas, é possível atribuir razão à arte, não, porém, à prudência. Existe, pois, a arte especulativa, mas não a prudência especulativa.

Artigo 3: A prudência está relacionada com o conhecimento de coisas singulares?

Parece que a prudência não abrangeria o conhecimento das coisas singulares, porque, como foi dito, a prudência está na razão, e a razão, na verdade, diz respeito a coisas universais, segundo a *Física* (I, 5). Logo, a prudência abrange um conhecimento apenas dos universais.

Além disso, as coisas singulares são infinitas. Mas um número infinito de coisas não pode ser compreendido pela razão. Assim, a prudência, que é uma forma adequada de raciocinar, não diz respeito ao conhecimento de coisas singulares.

Ademais, as coisas particulares são conhecidas pelos sentidos, mas a prudência não está nos sentidos: há muitas pessoas que têm sentidos aguçados, mas não são prudentes. Portanto, a prudência não diz respeito ao conhecimento de coisas singulares.

Pelo contrário, o Filósofo diz na *Ética* (VI, 7) que a prudência não tem relação somente com os universais, mas é necessário também que ela diga respeito ao conhecimento de coisas singulares.

Respondo dizendo o que já foi dito acima (Artigo 1): não compete à prudência apenas a consideração da razão, mas também a aplicação à ação, que é o fim da razão prática. Ora, ninguém pode aplicar convenientemente uma coisa à outra se não conhece ambas, a saber, a coisa que deve ser aplicada e a coisa à qual a primeira deve ser aplicada. Todavia, como as ações se dão em coisas singulares, é necessário que uma pessoa prudente conheça tanto os princípios universais da razão quanto as coisas singulares em que as ações acontecem.

Quanto à primeira objeção, deve-se dizer que a razão está relacionada prioritariamente com os universais, contudo, ela pode aplicar regras universais a casos particulares (por isso as conclusões dos silogismos são não apenas universais, mas também particulares), porque o intelecto, por meio de uma espécie de reflexo, alcança a matéria, como é discutido no *De anima* (III).

À segunda objeção, deve-se afirmar que é porque a razão humana não pode compreender a infinidade dos singulares que é incerta a nossa presciência (Sb 9,14). Ainda assim, por meio da experiência, as coisas singulares reduzem-se a um número finito de ocorrências mais comuns, cujo conhecimento é suficiente para a prudência humana.

À terceira objeção, deve-se declarar que, segundo o Filósofo (*Ética*, VI, 8), a prudência não consiste em um sentido exterior, com o qual conhecemos objetos propriamente sensíveis, mas em um sentido interior, que é aperfeiçoado pela memória e pela experiência para julgar casos particulares prontamente. Não que a prudência esteja nesse sentido interior como em seu sujeito principal, pois ela está prioritariamente na razão, mas, por uma espécie de inclinação, chega a esse sentido.

Artigo 4: A prudência é uma virtude?

Parece que a prudência não seria uma virtude, pois Agostinho declara em *Sobre o livre-arbítrio* (I, 13) que a prudência é a ciência das coisas que se devem desejar ou evitar. Ora, a ciência recebe classificação diferente da virtude, como é evidente em *Da interpretação* (VI). Portanto, a prudência não é uma virtude.

Ademais, não há virtude da virtude, mas existe uma virtude da arte, como declara o Filósofo na *Ética* (VI, 5). Logo, a arte não é uma virtude. Há, de fato, prudência na arte: no *Segundo Livro das Crônicas* (2Cr 2,13), afirma-se que Hiram sabia esculpir toda sorte de escultura e realizar de modo idôneo qualquer obra que fosse necessária. Portanto, a prudência não é uma virtude.

Além disso, nenhuma virtude pode ser imoderada. Mas a prudência passa da medida, de outro modo não se diria em Pr 23,4: "põe moderação em tua prudência". Logo, a prudência não é uma virtude.

Pelo contrário, Gregório (*Moralia* II, 49) afirma que a prudência, a temperança, a fortaleza e a justiça são quatro virtudes.

Respondo da mesma forma que foi dito anteriormente (I-II, q.55, a.3; I-II, q.56, a.1) quando se tratou das virtudes em geral: a virtude é aquilo que torna boa a pessoa que a possui e é também o que faz com que seu trabalho seja bom. Ora, o bem pode ser entendido de dois modos: materialmente, em relação à coisa que é boa; formalmente, do ponto de vista do bem. Neste último caso, o objeto do poder apetitivo é o bem. Assim, se existem hábitos que levam a razão a considerações corretas sem ter em conta a retidão do apetite, conduzem apenas ao bem material e são menos dotados da natureza da virtude, ou seja, daquilo que é bom do ponto de vista do bem. Do contrário, aqueles hábitos que estão relacionados com a retidão do apetite estão mais de acordo com a natureza do bem, porque não se relacionam apenas com o bem material, mas também com a forma, isto é, com aquilo que é bom do ponto de vista do bem.

Como dito acima (Artigos 1 e 3), a aplicação da reta razão à ação faz parte da prudência, o que não ocorre sem um reto apetite. Assim, a prudência possui a razão da virtude não só do mesmo modo que as outras virtudes, mas também do mesmo modo que as outras virtudes intelectuais, com as quais ela é classificada.

Portanto, em relação à primeira objeção, deve-se declarar que, naquela passagem, Agostinho entende a ciência em sentido amplo, aplicada a qualquer reta razão.

No que concerne à segunda objeção, deve-se dizer que o Filósofo afirma que existe uma virtude da arte, porque esta não inclui a retidão do apetite e, por conseguinte, para que uma pessoa utilize retamente a arte, requer-se que tenha a virtude que produz a retidão do apetite. Todavia, a prudência não tem lugar no que tange às artes, seja porque a arte é ordenada para um fim particular, seja porque tem meios determinados pelos quais atinge seu fim. Entretanto, costuma-se dizer, por analogia, que alguém age prudentemente nas artes. Na verdade, em certas artes, devido à incerteza dos meios utilizados para atingir o fim, faz-se necessário o conselho, como acontece na arte médica e na navegação, como é dito na *Ética* (III, 3).

À terceira objeção, deve-se dizer que aquele provérbio do sábio não deve ser entendido como se a própria prudência tivesse que ser moderada, mas sim que se deve moderar todas as coisas de acordo com a prudência.

Artigo 5: A prudência é uma virtude específica?

Parece que a prudência não seria uma virtude específica. Porque nenhuma virtude específica faz parte da definição geral de virtude. A prudência, no entanto, está incluída na definição geral, já que a virtude é definida na *Ética* (II, 6) como um hábito eletivo que segue um meio determinado por nós pela razão, conforme o sábio determinará. Ora, de acordo com a *Ética* (VI, 13), a razão é entendida como reta por estar de acordo com a prudência. Logo, a prudência não é uma virtude específica.

Além disso, o Filósofo declara (*Ética* VI, 13) que a virtude moral faz com que o fim seja atingido retamente, mas a prudência cuida dos meios que permitem atingir o fim. Ora, em toda virtude há coisas que precisam ser feitas para que o fim seja atingido. A prudência, portanto, não é uma virtude específica.

Ademais, uma virtude específica tem um objeto específico. Mas a prudência não tem um objeto específico, pois é a reta razão das ações (*Ética*, VI, 5), e todas as obras virtuosas são ações. Logo, a prudência não é uma virtude específica.

Pelo contrário, a prudência diferencia-se das outras virtudes e é classificada entre elas, pois está escrito: "Ela ensina a temperança e a prudência, a justiça e a fortaleza" (Sb 8,7).

Assim respondo a essas objeções: como os atos e hábitos recebem suas espécies dos objetos, como foi dito anteriormente (I-II, q.1, a.3; I-II, q.18, a.2; I-II, q.54, a.2), é necessário que um hábito a que corresponde um objeto diferente de outros objetos seja um hábito específico, e, se for um hábito bom, será uma virtude específica. Ora, um objeto é chamado de específico não em consideração apenas a sua matéria, mas muito mais quando se leva em conta sua razão formal, como ficou evidente acima (I-II, q.54, a.2). Porque a mesma coisa pode ser objeto de diferentes hábitos e também de distintas potências, de acordo com suas diferentes razões formais. Todavia, uma diversidade ainda maior de objeto é exigida para uma diferença de potência do que para uma diferença de hábito em uma potência, como foi discutido anteriormente (I-II, q.54, a.1). Por conseguinte, uma diferença de razão formal que diferencie a potência do objeto diferenciará por consequência e necessariamente o hábito.

Portanto, deve-se dizer que, estando a prudência na razão, como afirmado acima (Artigo 2), diferencia-se das outras virtudes intelectuais por meio de uma diferença material de objetos. Pois a sabedoria, a ciência e o intelecto estão relacionados com coisas necessárias, mas a arte e a prudência com coisas contingentes. Porém, a arte envolve as coisas que são fabricadas, que se constituem na matéria exterior, por exemplo, uma casa, uma faca e outras coisas desse tipo. Já a prudência envolve ações, ou seja, coisas que se constituem no próprio agente, como foi discutido acima (I-II, q.57, a.4). Ora, a prudência diferencia-se das virtudes morais segundo uma razão que distingue formalmente as faculdades, a saber, como sendo do intelecto, em que se inclui a prudência, e do apetite, em que estão incluídas as virtudes morais. Daí fica manifesto que a prudência é uma virtude especial, distinguindo-se de todas as outras virtudes.

Em relação à primeira objeção, portanto, deve-se dizer que aquela definição não se refere à virtude de modo geral, mas à virtude moral, em cuja definição convém incluir uma virtude intelectual possuidora de matéria comum, a saber, a prudência. Pois, assim como o sujeito da virtude moral é algo que participa da razão, também a virtude moral possui uma razão de virtude enquanto participa da virtude intelectual.

À segunda objeção, deve-se dizer que é possível concluir que a prudência auxilia todas as virtudes e opera em todas elas. Mas isso não é suficiente para demonstrar que ela não seja uma virtude especial, pois nada impede que em algum gênero haja uma espécie que opere em todas as espécies daquele gênero, como acontece com o sol, que influencia igualmente todos os corpos.

À terceira objeção, deve-se dizer que, de fato, as ações são a matéria da prudência, na medida em que são objeto da razão, ou seja, enquanto consideradas verdadeiras; contudo, são matéria das virtudes morais na medida em que são objeto da faculdade apetitiva, a saber, enquanto são boas.

Artigo 6: A prudência prescreve a finalidade das virtudes morais?

Parece que a prudência prescreveria a finalidade das virtudes morais. Pois, como a prudência está na razão e a virtude moral na faculdade apetitiva, parece que a prudência está para a virtude moral como a razão para o poder apetitivo. Ora, a razão prescreve a finalidade da potência apetitiva. Logo, a prudência prescreve a finalidade das virtudes morais.

Ademais, é sabido que o ser humano excede as coisas irracionais por meio da razão, mas têm outras coisas em comum com elas. Assim, as partes irracionais do ser humano estão para a razão como as criaturas irracionais estão para o ser humano, e a finalidade da existência das criaturas irracionais é o ser humano, segundo a *Política* (I, 3). Logo, todas as outras partes do ser humano estão ordenadas à razão como a seu fim. Como foi dito acima, a prudência é a reta razão das ações. Logo, todas as ações estão ordenadas à prudência como a um fim; é ela, portanto, que prescreve a finalidade de todas as virtudes humanas.

Ademais, é próprio da virtude, arte ou potência que diz respeito às finalidades que comande as outras virtudes ou artes, as quais, por sua vez, estão relacionadas com os meios. Ora, a prudência organiza as outras virtudes morais e as comanda, portanto, indica-lhes suas finalidades.

Mas contra isso o Filósofo afirma na *Ética* (V, 12) que a virtude moral faz com que a intenção seja reta, enquanto a prudência retifica o meio. Assim, não faz parte da prudência prescrever a finalidade das virtudes morais, mas apenas organizar os meios relacionados com esse fim.

Respondo dizendo que o fim das virtudes morais é o bem do ser humano. O bem da natureza humana é estar de acordo com a razão, como declara Dionísio Areopagita no quarto capítulo dos *Nomes Divinos*. Daí que as finalidades das virtudes morais preexistam na razão.

Ora, assim como na razão especulativa existem algumas coisas que são conhecidas naturalmente, que tangem o entendimento, e algumas que são conhecidas por meio delas, a saber, as conclusões, que tangem a ciência, existe também, na razão prática, certas coisas que preexistem como princípios naturalmente conhecidos, e estes princípios são as finalidades das virtudes morais, porque as finalidades equivalem, nos assuntos práticos, aos princípios nos tópicos especulativos, como foi dito anteriormente (q.23, a.7; I-II, q.13, a.3). Há, pois, na razão prática, coisas que equivalem às conclusões (da razão especulativa), que são os meios que derivamos das próprias finalidades. São estes o objeto da prudência, que aplica princípios universais a conclusões particulares de ações. Assim, não pertence à prudência prescrever a finalidade das virtudes morais, mas apenas organizar os meios para que se chegue a esse fim.

À primeira objeção, deve-se responder que a razão natural, conhecida como *synderesis*, prescreve o fim para as virtudes morais, como se declarou anteriormente (I-I, q.79, a.12), mas não a prudência, pela razão acima discutida.

E isso é suficiente como resposta à segunda objeção.

À terceira objeção, responde-se que a finalidade não pertence às virtudes morais, como se elas prescrevessem o fim, mas porque elas tendem à finalidade por meio do comando da razão natural. Para isso, são auxiliadas pela prudência, que lhes prepara o caminho, dispondo-lhes os meios. Daí que a prudência seja mais excelente que as virtudes morais, e as mova, do mesmo modo que o entendimento dos princípios move a ciência.

Artigo 7: Cabe à prudência encontrar o meio nas virtudes morais?

Parece que não caberia à prudência encontrar o meio nas virtudes morais. Pois conseguir encontrar o meio é a finalidade das virtudes morais. Mas a prudência não prescreve o fim das virtudes morais, como já se discutiu acima. Logo, a prudência não encontra um meio nas virtudes morais.

Ademais, aquilo que existe por si mesmo parece não ter causa, já que seu próprio ser é sua causa, porque cada coisa é causa de seu próprio ser. Ora, estar no meio condiz com a virtude moral por si mesma, de acordo com sua definição, como fica evidente pelo que se disse anteriormente (Artigo 1). Portanto, a prudência não produz o meio nas virtudes morais.

Além disso, a prudência opera segundo a razão. Mas a virtude moral tende ao meio segundo a natureza; como declara Cícero (*Sobre a invenção retórica* II, 53), a virtude é um hábito segundo a natureza que concorda com a razão. Logo, a prudência não prescreve o meio para as virtudes morais.

Contra isso, porém, declara-se, na definição da primeira objeção do Artigo 5, que a virtude moral é encontrada em uma medida determinada pela razão, conforme a pessoa sábia determinará.

Respondo dizendo que se conformar à reta razão é precisamente o fim próprio de cada uma das virtudes morais. Assim, a intenção da temperança é que o ser humano não se desvie da razão por causa da concupiscência; do mesmo modo, a fortaleza existe para que a pessoa não se desvie do reto juízo da razão por conta do temor ou da audácia. E este fim é prescrito ao ser humano segundo a razão natural, pois a razão natural dita a cada pessoa que aja de acordo com a razão.

Entretanto, cabe à prudência dispor a maneira e os meios conforme os quais a pessoa agirá para alcançar a medida racional. Pois, embora a finalidade da virtude moral seja alcançar a medida racional, essa medida é encontrada pela reta disposição das coisas que são dirigidas a essa finalidade.

E isso é o suficiente para responder a primeira objeção.

Quanto à segunda objeção, deve-se dizer que assim como um agente natural faz com que uma forma esteja na matéria, mas não conforma a matéria exatamente segundo as características dessa forma, assim também a prudência prescreve o meio das paixões e operações, mas não faz com que a virtude seja orientada para a busca do meio.

À terceira objeção, deve-se dizer que a virtude moral tende a atingir naturalmente o meio. Porém, como o meio não se encontra do mesmo modo em todas os assuntos e a virtude moral sempre opera do mesmo modo, é insuficiente e requer o julgamento da prudência.

Artigo 8: Prescrever é o ato principal da prudência?

Parece que prescrever não seria o principal ato da prudência. Pois prescrever relaciona-se com as coisas boas que devem ser realizadas, mas Agostinho, no livro XIV do *Sobre a Trindade*, estabelece que o ato da prudência é precaver-se das ciladas. Portanto, prescrever não é o principal ato da prudência.

Ademais, prescrever ou comandar parece pertencer à vontade, cujo objetivo é chegar a algum fim, e move as outras potências da alma. Mas a prudência não está na vontade, mas na razão. Portanto, o ato da prudência não é comandar.

Porém, do contrário, o Filósofo diz, na *Ética* (VI, 10), que a prudência é preceptiva (cf. II-II, q.47, a.8).

Respondo dizendo que a prudência é a reta razão dos modos de agir, como foi dito acima (Artigo 2). Disso resulta necessariamente que o ato principal da prudência é idêntico ao ato principal da razão dos modos de agir. De fato, existem três atos desse tipo, o primeiro dos quais é tomar conselho, que se relaciona com a descoberta, pois tomar conselho é procurar, como foi afirmado anteriormente (I-II, q.14, a.1). O segundo tipo de ato é julgar a respeito do que é descoberto, e consiste em um raciocínio especulativo. Mas a razão prática, que é ordenada para a ação, vai além, e seu terceiro tipo de ato consiste na aplicação dos conselhos e dos julgamentos a ações. Como este terceiro tipo de ato é o que mais se aproxima da finalidade da razão prática, daí que se encontre aqui o ato principal da razão prática, e, consequentemente, da prudência.

O sinal disso é que a perfeição da arte consiste em julgar e não em prescrever. Por isso, aquele que erra voluntariamente em sua arte, com um julgamento que parece correto, é considerado melhor artífice do que aquele que erra involuntariamente, porque este parece errar devido a um julgamento errôneo. Mas, em relação à prudência, é o contrário, pois, segundo a *Ética* (VI, 5), é mais imprudente aquele que erra voluntariamente, mostrando-se assim deficiente no ato principal da prudência, do que aquele que erra involuntariamente.

Portanto, quanto à primeira objeção, deve-se declarar que o ato de prescrever estende-se quer ao seguimento do bem, quer à evasão do mal. Porém, Agostinho não atribui à prudência a precaução contra as ciladas como se fora seu ato principal, mas como ato que não continua na pátria celeste.

À segunda objeção, deve-se dizer que o bom conselho é necessário para que as coisas boas que são descobertas sejam aplicadas às ações. Assim, prescrever faz parte da prudência, que toma bom conselho.

À terceira objeção, deve-se declarar que mover de modo simples pertence à vontade. Mas prescrever comporta um movimento com certa ordem. Portanto, prescrever é um ato da razão, como foi dito anteriormente (I-II, q.17, a.1).

Artigo 9: A solicitude pertence à prudência?

Parece que a solicitude não faria parte da prudência. Pois a solicitude implica inquietação, como declara Isidoro no Livro X das *Etimologias*, em que define o solícito como aquele que é inquieto. Ora, o movimento pertence, no mais alto grau, à faculdade apetitiva e, por conseguinte, a solicitude também. No entanto, a prudência não está na faculdade apetitiva, mas na razão, como se disse acima (Artigo 1). Portanto, a solicitude não pertence à prudência.

Além disso, a solicitude parece se opor à certeza da verdade, daí que se declare em 1Sm 9,20 que Samuel disse a Saul "acerca das mulas que perdeste há três dias, não sejas solícito: já foram encontradas". Ora, sendo uma virtude intelectual, a certeza da verdade pertence à prudência. Portanto, a solicitude mais se opõe à prudência do que lhe pertence.

Além disso, o Filósofo declara (*Ética* IV, 3) que o homem magnânimo é lento e descontraído. Ora, a lentidão é contrária à solicitude. Como a prudência não se opõe à magnanimidade, pois o bem não se opõe ao bem, como se declara nas *Categorias* (VIII), parece que a solicitude não pertence à prudência.

Pelo contrário, está escrito em 1Pd 4,7: "Sede prudentes e vigiai em orações". Ora, a vigilância é idêntica à solicitude. Logo, a solicitude pertence à prudência.

Eu respondo que, de acordo com Isidoro (*Etimologias* X), diz-se que um homem é solícito por meio de perspicácia [*solers*] e de ser alerta [*citus*], na medida em que, por uma certa astúcia da mente, está alerta para fazer o que for necessário Ora, isso pertence à prudência, cujo ato principal é um comando sobre algo que já foi aconselhado e julgado em questões de ação. Por isso, o Filósofo declara (*Ética* VI, 9) que devemos ser rápidos na execução do conselho adotado, mas lentos no aconselhar-se. Portanto, a solicitude pertence de modo apropriado à prudência; por esse motivo, Agostinho declara (*Sobre os costumes da Igreja* XXIV) que a prudência mantém a mais cuidadosa vigilância e atenção, para que não sejamos enganados aos poucos ou pegos desprevenidos pelos maus conselhos.

À primeira objeção, deve-se dizer que o movimento pertence ao poder apetitivo quanto ao princípio do movimento, mas, no que diz respeito à direção, ao comando da razão, em que consiste a solitude.

À segunda objeção, deve-se dizer que, de acordo com o Filósofo (*Ética* I, 3), não se deve buscar certeza igual em todas as coisas, mas em cada questão de acordo com seu próprio modo. E como a questão da prudência são os contingentes singulares acerca dos quais se desdobram as ações humanas, a certeza da prudência não pode ser tão grande que seja desprovida de toda solicitude.

Quanto à terceira objeção, deve-se afirmar que o homem magnânimo é lento e descontraído, não porque é solícito por nada, mas porque não é excessivamente solícito em relação a muitas coisas, mas confia em assuntos em que se deve confiar e, acerca dessas coisas, não se é superfluamente solícito. Porque o excesso de medo e a desconfiança são causados por excesso de solicitude, uma vez que o medo faz uso de conselhos, como declarado acima (I-II, q.44, a.2) quando estávamos tratando da paixão do medo.

Artigo 10: A prudência envolve o governo de muitos ou apenas de si mesmo?

Parece que a prudência não envolveria o governo de muitos, mas apenas de si mesmo. Pois o Filósofo afirma (*Ética* V, 1) que a virtude direcionada ao bem comum é a justiça. Mas a prudência difere da justiça. Portanto, a prudência não se dirige ao bem comum.

Além disso, parece ser prudente aquela pessoa que busca e faz o bem a si mesma. Ora, aqueles que procuram o bem comum negligenciam o próprio. Portanto, não são prudentes.

Ademais, a prudência é especificamente distinta da temperança e da fortaleza. Ora, a temperança e a fortaleza parecem estar relacionadas apenas com o bem próprio de uma única pessoa. O mesmo, portanto, aplica-se à prudência.

Pelo contrário, Nosso Senhor disse (Mt 24,45): "Quem, pensas, é o servo fiel e prudente a quem seu senhor constituiu sobre sua família?"

Respondo que, de acordo com o Filósofo (*Ética* VI, 8), alguns sustentaram que a prudência não se estende ao bem comum, mas apenas ao bem do indivíduo, e isso porque eles pensam que o ser humano não é obrigado a buscar outro que não seja o seu próprio bem. Mas essa opinião se opõe à caridade, que "não busca o que seja seu" (1Cor 13,5). Porquanto, o Apóstolo diz de si mesmo (1Cor 10,33): "Não buscando aquilo que é proveitoso para mim mesmo, mas para muitos, a fim de que sejam salvos". É, de fato, contrário à razão aquele que julga que o bem do indivíduo seja melhor do que o bem comum.

Consequentemente, uma vez que pertence à prudência aconselhar retamente, julgar e comandar os meios de obter um fim devido, é evidente que a prudência diz respeito não apenas ao bem privado do indivíduo, mas também ao bem comum das multidões.

Quanto à primeira objeção, naquela passagem, o Filósofo refere-se à virtude moral. Ora, assim como toda virtude moral direcionada ao bem comum é chamada justiça legal, a prudência direcionada ao bem comum é chamada prudência política, porque a política é para a justiça legal o que a prudência, em sentido simples, é para a virtude moral.

Em resposta à segunda objeção, deve-se dizer que aquele que busca o bem de muitos, busca, em consequência, o próprio bem, por duas razões. Em primeiro lugar, porque o bem individual é impossível sem o bem comum da família, Estado ou reino. Daí que Valério Máximo diga (*Feitos e ditos memoráveis* IV, 6) dos romanos antigos que prefeririam ser pobres em um império rico do que ricos em um império pobre. Em segundo lugar, porque, como o ser humano faz parte do lar e do Estado, ele precisa considerar o que é bom para si, sendo prudente com o bem de muitos. Pois a boa disposição das partes depende de sua relação com o todo. Por esse motivo, Agostinho afirma (*Confissões* III, 8) que qualquer parte que não se harmoniza com o todo é repulsiva.

Quanto à terceira objeção, mesmo a temperança e a benevolência podem ser direcionadas para o bem comum; por isso, existem preceitos legais a respeito delas, conforme declarado na *Ética* (V, 1). No entanto, a prudência e a justiça têm mais condições de serem direcionadas ao bem comum, uma vez que pertencem à faculdade racional que considera diretamente o universal, da mesma forma que a parte sensível relaciona-se com as coisas sensíveis.

Artigo 11: A prudência a respeito do bem próprio é da mesma espécie daquela que se estende ao bem comum?

Parece que a prudência relacionada com o bem próprio seria da mesma espécie daquela que se estende ao bem comum, pois o Filósofo diz (*Ética* VI, 8) que a prudência política e a prudência são o mesmo hábito, mas sua essência não é a mesma.

Além disso, o Filósofo afirma (*Política* III, 2) que a virtude é a mesma em uma pessoa boa e em um bom governante. Ora, a prudência política está principalmente no governante, em que é arquitetônica. Como, pois, a prudência é uma virtude de uma pessoa boa, parece que a prudência e a política são o mesmo hábito.

Ademais, um hábito não é alterado em espécie ou essência por coisas que são subordinadas entre si. Ora, o bem particular, que faz parte da prudência em sentido simples, está subordinado ao bem comum que pertence à prudência política. Portanto, a prudência e a política não diferem quer específica quer essencialmente.

Pelo contrário, há diferentes ciências políticas, que são direcionadas: ao bem comum do Estado; à economia doméstica, relacionada com o bem comum do lar ou da família; à economia monástica, referente às coisas que afetam o bem de apenas uma pessoa. Portanto, por razão semelhante, existem diferentes tipos de prudência, correspondentes a esses diferentes assuntos.

Respondo que, de acordo com o que foi afirmado anteriormente (a.5; q.54, a.2), as espécies de hábitos diferem segundo a diferença de objeto considerada em seu aspecto formal. No entanto, o exame formal de todas as coisas direcionadas para um fim é encontrado no próprio fim, como demonstrado acima ("Prólogo" da I-II; I-II, q.102, a.1), em que as espécies de hábitos diferem por sua relação com fins diferentes. Ora, o bem-estar individual, o bem da família e o bem da cidade e do reino são fins diferentes, portanto, deve haver diferentes espécies de prudência correspondentes a seus fins diferentes, de modo que há a prudência em sentido simples, que é direcionada ao bem próprio; existe outra prudência, doméstica, dirigida ao bem comum do lar; e há uma terceira, a prudência política, direcionada ao bem comum do Estado ou reino.

Logo, deve-se responder à primeira objeção dizendo que o Filósofo não quis dizer que a prudência política é substancialmente o mesmo hábito de qualquer tipo de prudência, mas que é o mesmo da prudência dirigida ao bem comum, que é chamada de prudência de acordo com a noção comum de prudência, ou seja, como sendo a reta razão aplicada à ação, e que é chamada de política enquanto direcionada ao bem comum.

À segunda objeção, deve-se afirmar, como declara o Filósofo (*Política* III, 2), que é pertinente a uma pessoa boa ser capaz de bem governar e obedecer. Essa virtude de uma pessoa boa inclui também a de um bom governante. Porém, a virtude do governante e a do súdito diferem em espécie, como a virtude de um homem e de uma mulher, como declarado pela mesma autoridade (*Política*, III, 2).

À terceira objeção, deve-se dizer que até mesmo fins diferentes que estão subordinados uns aos outros fazem com que as espécies de um hábito divirjam. Por exemplo, hábitos direcionados à equitação, à vida militar ou civil diferem especificamente mesmo que seus fins estejam subordinados uns aos outros. De maneira semelhante, embora o bem do indivíduo seja subordinado ao bem de muitos, isso não impede que essa diferença faça com que os hábitos difiram especificamente, mas segue-se que o hábito que é direcionado para o fim último seja o principal e impere sobre os outros hábitos.

Artigo 12: A prudência diz respeito aos súditos ou apenas aos governantes?

Parece que a prudência não diria respeito aos súditos, mas somente aos governantes. Pois o Filósofo declara (*Política* III, 2) que a prudência é a única virtude que é própria de um governante, enquanto as outras são comuns a súditos e governantes, e que a prudência do súdito não é uma virtude, mas uma opinião verdadeira.

Além disso, na *Política* (I, 5) é afirmado que um servo não é competente para a deliberação. Mas a prudência faz com que se delibere bem (*Ética* VI, 5). Portanto, a prudência não é adequada para servos ou súditos.

Ademais, a prudência é prescritiva, como indicado acima (Artigo 8). Mas prescrever não é da competência dos servos ou súditos, mas apenas dos governantes. Logo, a prudência não está nos súditos, mas apenas nos governantes.

Pelo contrário, o Filósofo declara (*Ética* VI, 8) que existem duas espécies de prudência política, uma das quais é legislativa e pertence aos governantes, enquanto a outra recebe o nome comum de política e trata de ações individuais. Ora, pertence também aos sujeitos realizar essas ações individuais. Portanto, a prudência não está apenas nos governantes, mas também nos súditos.

Respondo que a prudência está na razão. Ora, governar é próprio da razão; portanto, é adequado que a pessoa raciocine e seja prudente na medida em que tem participação no governo. Mas é evidente que o súdito enquanto súdito e o servo como servo não são competentes para governar, mas para serem governados. Portanto, a prudência não é uma virtude de um servo enquanto servo, nem de um súdito enquanto súdito.

Contudo, visto que todo ser humano, por ser racional, tem parte no governo de acordo com o julgamento da razão, é proporcionalmente competente para ter prudência. Assim, é manifesto que a prudência está no governante ao modo da arquitetura (*Ética* VI, 8), nos súditos, porém, ao modo do artesanato.

À primeira objeção, deve-se dizer que o ditado do Filósofo deve ser entendido estritamente, a saber, que a prudência não é a virtude do súdito como tal.

Quanto à segunda objeção, um servo não pode deliberar enquanto servo, isto é, como instrumento de seu senhor, mas ele delibera na medida em que é um animal racional.

Sobre a terceira objeção, deve-se afirmar que por meio da prudência uma pessoa não comanda apenas as outras, mas também a si mesma, posto que se diz que a razão comanda as faculdades inferiores.

Artigo 13: Os pecadores podem ser prudentes?

Parece que poderia haver prudência nos pecadores. Pois nosso Senhor disse que os filhos deste mundo são mais prudentes com sua gente do que os filhos da luz (Lc 16,8). Ora, os filhos deste mundo são pecadores. Portanto, pode haver prudência nos pecadores.

Além disso, a fé é uma virtude mais excelente do que a prudência e pode haver fé nos pecadores. Logo, também pode haver prudência.

Ademais, de acordo com a *Ética* (VI, 7), dizemos que bem deliberar é o principal ato da pessoa prudente, de modo especial. Ora, muitos pecadores deliberam bem, portanto, têm prudência.

Pelo contrário, o Filósofo declara (*Ética* VI, 12) que é impossível para uma pessoa ser prudente a menos que seja boa. Mas nenhum pecador é bom. Portanto, nenhum pecador é prudente.

Respondo que a prudência é de três tipos. Existe uma falsa prudência, que leva esse nome por sua semelhança com a verdadeira prudência. Pois, assim como uma pessoa prudente é aquela que dispõe bem as coisas que devem ser feitas para um bom fim, aquela que dispõe as coisas que são adequadas para um fim maligno tem uma prudência falsa, na medida em que aquilo que ela aceita como fim não é um bem verdadeiro, mas apenas na aparência. Assim, um homem é chamado de um bom ladrão e, dessa maneira, pode-se falar de um ladrão prudente, a título de semelhança, porque encontra maneiras adequadas de cometer um assalto. A esse tipo de prudência o Apóstolo se refere quando diz que a prudência [sabedoria] da carne é a morte (Rm 8,6), porque seu fim último consiste nos prazeres da carne.

O segundo tipo de prudência é a verdadeira prudência, porque por meio dela encontram-se maneiras adequadas de se obter um bom fim; mas ainda assim é imperfeita, por dois motivos. Primeiro porque, nesse caso, o bem aceito como fim não é o bem comum de toda a vida humana, mas de algum caso particular; assim, quando um homem inventa maneiras adequadas de conduzir seus negócios ou de velejar, é chamado de negociante ou marinheiro prudente. Em segundo lugar, esse tipo de prudência é imperfeito porque falha no ato principal da prudência, como quando uma pessoa delibera bem e faz um bom juízo, mesmo sobre coisas que dizem respeito à vida como um todo, mas não o prescreve eficazmente.

O terceiro tipo de prudência é verdadeira e perfeita, pois delibera, julga e comanda tendo em vista a boa finalidade da vida humana como um todo. É somente a esta que se pode chamar de prudência em sentido simples, a qual não pode estar nos pecadores, pois é o primeiro tipo de prudência que está neles. Mas a prudência imperfeita é comum aos bons e aos maus, especialmente aquela que é direcionada a um fim particular. Já o primeiro tipo, uma vez que sua imperfeição é derivada de uma falha no ato principal, é própria apenas dos ímpios.

À primeira objeção, deve-se dizer que essa afirmação de nosso Senhor deve ser entendida como se referindo ao primeiro tipo de prudência; portanto, não se diz que os ímpios são prudentes em sentido simples, mas que são prudentes com sua gente.

Quanto à segunda objeção, deve-se afirmar que a natureza da fé consiste não na conformidade com o apetite de ações corretas, mas apenas no conhecimento. Mas a prudência implica uma relação com o apetite correto. Primeiramente porque seus princípios são os fins em matéria de ação; com base nesses princípios, o ser humano forma uma estimativa correta por meio dos hábitos da virtude moral, que retificam o apetite; portanto, sem a virtude moral não há prudência, como demonstrado anteriormente (I-II, q.58, a.5). Em segundo lugar, a prudência comanda ações corretas, que não acontecem a menos que o apetite esteja certo. Portanto, embora a fé, por causa de seu objeto, seja mais excelente que a prudência, a prudência, por sua própria natureza, é mais oposta ao pecado, que surge de uma desordem do apetite.

Quanto à terceira objeção, deve-se dizer que os pecadores podem, de fato, ser de bom conselho para um fim maligno, ou para algum bem particular, mas não são perfeitamente de bom conselho para o fim último de toda a vida, uma vez que não cumprem esse conselho. Portanto, não têm a prudência dirigida apenas para o bem, mas têm, segundo o Filósofo (*Ética* VI, 12), a esperteza (*deinotica*), isto é, a diligência natural que pode ser direcionada tanto para o bem quanto para o mal, ou a astúcia (*panourgia*), que é direcionada apenas para o mal, e é aquela que chamamos acima de falsa prudência ou prudência da carne.

Artigo 14: A prudência está em todos que têm a graça?

Parece que a prudência não estaria em todos que têm a graça, pois requer diligência, para que se possa prever corretamente o que deve ser feito. Ora, muitos que têm a graça não têm essa diligência. Portanto, nem todos os que possuem a graça têm a prudência.

Além disso, uma pessoa prudente é aquela que delibera bem, como mencionado acima (Artigos 8 e 13). No entanto, muitos que têm a graça não deliberam bem e precisam ser guiados pelo conselho de outras pessoas. Portanto, nem todos os que possuem a graça têm a prudência.

Ademais, o Filósofo diz nos *Tópicos* (III, 2) que não é evidente que os jovens sejam prudentes. No entanto, muitos jovens têm a graça. Portanto, a prudência não é encontrada em todos os que têm a graça.

Pelo contrário, nenhum ser humano tem a graça a menos que seja virtuoso. Ora, ninguém pode ser virtuoso a não ser que seja prudente. De fato, Gregório declara (*Moralia* II, 46) que as outras virtudes não podem ser virtudes a menos que efetuem prudentemente o que desejam realizar. Portanto, todos aqueles que possuem a graça têm a prudência.

Respondo que as virtudes são necessariamente conexas, para que, assim, quem tem uma delas tenha todas, como anteriormente afirmado (I-II, q.65, a.1). Ora, quem tem a graça tem a caridade, de modo que necessariamente tem todas as outras virtudes, e assim também tem necessariamente a prudência, já que esta é uma virtude, como demonstrado acima (Artigo 4).

Em relação à primeira objeção, deve-se afirmar que a diligência é dupla: a primeira é suficiente em relação às coisas necessárias à salvação, e essa diligência é dada a todos os que têm a graça, a quem a unção ensina todas as coisas (1Jo 2,27). Mas há também outra diligência, que vai além do suficiente, pela qual uma pessoa é capaz de prover a si mesma e a outros, não apenas das coisas necessárias para a salvação, mas também de todas as questões relacionadas com a vida humana; e esse tipo de diligência não está em todos os que têm a graça.

Quanto à segunda objeção, deve-se dizer que aqueles que precisam ser guiados pelo conselho de outras pessoas são capazes, caso tenham a graça, de bem deliberar pelo menos nestas duas coisas: saber que necessitam da orientação de outras pessoas e discernir os bons dos maus conselhos.

Quanto à terceira objeção, é preciso dizer que a prudência adquirida resulta do exercício das ações, pelo que sua aquisição exige experiência e tempo (*Ética* II, 1); portanto, não pode estar nos jovens, nem pelo hábito nem em ato. Por outro lado, a prudência gratuita é causada pela infusão divina. Portanto, em crianças que foram batizadas, mas não chegaram ao uso da razão, há prudência quanto ao hábito, mas não quanto ao ato, mesmo nas enfermiças. Entretanto, para aqueles que já passaram ao uso da razão, há ainda a possibilidade de agir, em relação às coisas necessárias para a salvação, pois, com o exercício, há aumento da prudência em direção a seu aperfeiçoamento, assim como acontece nas outras virtudes. Por isso, o Apóstolo diz que o alimento sólido é para os perfeitos: aqueles que, por costume, são capazes de discernir o bem do mal (Hb 5,14).

Artigo 15: A prudência está em nós por natureza?

Parece que a prudência estaria em nós por natureza. O Filósofo diz que coisas ligadas à prudência parecem naturais, a saber, a *synesis* (o bom senso) e o *gnome* (a compreensão) (cf. I-II, q.57, a.6) e similares, mas não aquelas que estão relacionados com a sabedoria especulativa. Ora, as coisas pertencentes ao mesmo gênero têm o mesmo tipo de origem, portanto, também a prudência está em nós por natureza.

Além disso, as mudanças de idade acontecem de acordo com a natureza. Ora, a prudência é consequência da idade; segundo Jó 12,12, a sabedoria está nos mais velhos e a prudência na idade avançada. Portanto, a prudência é natural.

Ademais, a prudência é mais condizente com a natureza humana do que com aquela dos animais. No entanto, existem casos de certa prudência natural em animais, segundo o Filósofo (*Da investigação sobre os animais* VIII, 1). Logo, a prudência é natural.

Pelo contrário, o Filósofo afirma na *Ética* (II, 1) que a virtude intelectual é originada e aumentada pelo ensino, e, desse modo, exige experiência e tempo. Ora, a prudência é uma virtude intelectual, como declarado acima (Artigo 4), portanto, a prudência está em nós, não por natureza, mas pelo ensino e pela experiência.

Respondo que, como demonstrado acima (Artigo 3), a prudência inclui o conhecimento de universais e de questões singulares de ação, às quais a prudência aplica os princípios universais. Assim, concernente o conhecimento dos universais, o mesmo deve ser dito sobre a prudência e a ciência especulativa, porque os princípios universais primários de ambas são conhecidos naturalmente, como demonstrado acima (Artigo 6), exceto que os princípios comuns da prudência são mais conaturais ao ser humano. Pois, como observa o Filósofo (*Ética* X, 7), a vida segundo a razão especulativa é melhor que a vida de acordo com a natureza humana. Mas os outros princípios universais são de segundo grau, seja os da razão especulativa, seja os da razão prática: não são herdados por natureza, mas adquiridos pela descoberta, por meio da experiência e do ensino.

Por outro lado, no que diz respeito ao conhecimento particular das coisas relacionadas com a ação, devemos fazer uma distinção adicional. Porque a ação diz respeito ao fim ou os meios para atingir um fim. Ora, os fins certos da vida humana estão determinados. Portanto, pode haver uma inclinação natural na direção desses fins, pois, como foi declarado acima (I-II, q.51, a.1; I-II, q.63, a.1), alguns, por uma inclinação natural, têm certas disposições pelas quais estão inclinados para fins certos, e, consequentemente, têm também naturalmente um julgamento correto sobre semelhantes fins.

Mas os meios para atingir um fim, nos assuntos humanos, longe de serem fixos, são multivariados, de acordo com a variedade das pessoas e dos assuntos. Daí que, uma vez que a inclinação da natureza está sempre em busca de algo fixo, o conhecimento desses meios não pode estar no ser humano naturalmente, embora, por disposição natural, uma pessoa possa ter uma aptidão maior do que outra de discernir esses meios, como acontece também com a derivação de conclusões nas ciências especulativas. Portanto, como a prudência não se relaciona com os fins, mas aos meios, como declarado acima (Artigo 6; I-II, q.57, a.5), segue-se que a prudência não é inata.

Contra à primeira objeção, deve-se dizer que, na passagem citada, o Filósofo está falando de coisas relacionadas com a prudência, na medida em que são direcionadas para fins. No mesmo texto, um pouco antes da referida passagem, ele havia dito (*Ética* VI, 5,11) que esses são princípios relacionados diretamente com o fim, é por isso que ele não menciona a *eubulia* [o bom conselho/a boa deliberação] entre esses princípios, porque esta aconselha sobre os meios.

Quanto à segunda objeção, deve-se dizer que a prudência encontra-se mais nas pessoas idosas, não apenas porque sua disposição natural acalma o movimento das paixões sensíveis, mas também por sua longa experiência.

Quanto à terceira objeção, mesmo nos animais existem maneiras fixas de chegar a um fim; porquanto observamos que todos os animais de uma mesma espécie agem da mesma maneira. Mas isso é impossível no ser humano, por causa de sua razão que toma conhecimento dos universais, e, consequentemente, estende-se a uma infinidade de singulares.

Artigo 16: A prudência pode ser perdida por esquecimento?

Parece que a prudência poderia ser perdida por meio do esquecimento. Pois, como a ciência trata de coisas necessárias, é mais certa que a prudência, que trata de questões relativas a ações contingentes. Ora, a ciência se perde pelo esquecimento; muito mais, portanto, a prudência.

Além disso, como declara o Filósofo (*Ética* II, 3), as mesmas coisas, mas por um processo contrário, geram e corrompem a virtude. Ora, a obtenção de prudência requer experiência, que é composta de muitas memórias, como se demonstra no início da *Metafísica* (I, 1). Portanto, como o esquecimento se opõe à memória, parece que a prudência pode ser perdida pelo esquecimento.

Ademais, não há prudência sem o conhecimento dos universais. Mas o conhecimento dos universais pode ser perdido por esquecimento. Logo, a prudência também pode.

Pelo contrário, o Filósofo afirma que o esquecimento é possível para a arte, mas não para a prudência (*Ética* VI, 5).

Respondo que o esquecimento está relacionado apenas com o conhecimento. Assim, por esquecimento, alguém pode perder completamente a arte e a ciência, porque pertencem à razão. A prudência, porém, não consiste só no conhecimento, mas também em um ato do apetite, porque, como afirmado anteriormente (Artigo 8), seu ato principal é de prescrição, pelo qual a pessoa aplica o conhecimento que possui para fins de apetite e operação. Portanto, a prudência não é apagada diretamente pelo esquecimento, mas é corrompida pelas paixões. De fato, o Filósofo diz (*Ética* VI, 5) que o prazer e a tristeza pervertem a estimativa da prudência. Por isso está escrito em Dn 13,56: "A beleza te fascinou e a paixão perverteu teu coração"; e em Ex 23,8: "Não aceites suborno, pois o suborno cega os que têm os olhos abertos".

No entanto, o esquecimento pode impedir a prudência, na medida em que a prescrição desta última depende de conhecimentos que possam ser esquecidos.

Quanto à primeira objeção, deve-se dizer que a ciência está somente na razão e, portanto, essa comparação não existe, como já foi discutido anteriormente (I-II, q.53, a.1).

Sobre a segunda objeção, deve-se afirmar que a experiência exigida pela prudência não resulta apenas da memória, mas também da prática de predeterminar corretamente.

Em relação à terceira objeção, a prudência consiste principalmente não no conhecimento dos universais, mas na sua aplicação à ação, conforme declarado acima (Artigo 3). Portanto, esquecer o conhecimento de universais não destrói a parte principal da prudência, mas a atrapalha um pouco, como já foi dito.

Questão 48

Sobre as partes da prudência

Devemos agora considerar as partes da prudência, sobre as quais há quatro pontos de investigação:

- primeiro, quais sejam suas partes;
- segundo, suas partes integrais;
- terceiro, suas partes subjetivas;
- quarto, suas partes potenciais.

Artigo 1: É apropriado atribuir três partes para a prudência?

Parece que as partes da prudência seriam atribuídas de forma inadequada, pois Cícero (*Sobre a invenção retórica* II, 53) atribui três partes à prudência, a saber, memória, compreensão e previsão. Macróbio, no *Sonho de Cipião*, I, seguindo a opinião de Plotino, atribui à prudência seis partes, a saber: o raciocínio, o entendimento, a circunspecção, a previsão, a docilidade e a cautela. Já Aristóteles declara (*Ética* VI, 9, 10, 11) que a *eubulia* (o bom conselho ou boa deliberação), a *synesis* (o bom senso) e o *gnome* (a compreensão) pertencem à prudência. De fato, relacionados com o tema da prudência, Aristóteles menciona as conjecturas, a astúcia, o senso da prudência e o entendimento. E outro filósofo grego (Andrônico; cf. q.80) afirma que dez coisas estão ligadas à prudência, a saber, a *eubulia* (boa deliberação), a astúcia, a previsão, a habilidade de reger, a estratégia militar, a política, a prudência doméstica, a dialética, a retórica e a física. Portanto, parece que uma ou outra enumeração é excessiva ou deficiente.

Além disso, a prudência é especificamente distinta da ciência. Ora, a política, a economia, a lógica, a retórica e a física são ciências, portanto, não fazem parte da prudência.

Ademais, as partes não excedem o todo. Mas a memória ou a inteligência intelectual, a razão, o senso da prudência e a docilidade pertencem não apenas à prudência, mas também a todos os hábitos cognitivos. Portanto, eles não devem ser estabelecidos como partes da prudência.

Além disso, assim como aconselhar, julgar e comandar são atos da razão prática, também é o uso, como indicado acima (I-II, q.16, a.1). Portanto, assim como a *eubulia* (a boa deliberação), que se refere ao conselho, relaciona-se com a prudência, e a *synesis* (o bom senso) e o *gnome* (a compreensão) relacionam-se com o julgamento, também deveria haver algo a ser relacionado com o uso.

Ademais, a solicitude refere-se à prudência, conforme declarado acima (q.47, a.9). Portanto, a solicitude também deveria ter sido mencionada entre as partes da prudência.

Respondo que as partes são de três tipos, a saber, integrais, como a parede, o teto e as fundações são partes de uma casa; subjetivas, como o boi e o leão fazem parte do gênero animal; potenciais, como os poderes nutritivos e sensíveis são partes da alma. Consequentemente, as partes podem ser atribuídas a uma virtude de três maneiras. Primeiro, à semelhança das partes integrais, de modo que as coisas que precisam concordar com o ato perfeito de uma virtude são chamadas de partes dessa virtude.

Assim, dentre todas as coisas mencionadas acima, oito podem ser consideradas partes da prudência, a saber, as seis atribuídas por Macróbio; com a adição de uma sétima, a memória, mencionada por Cícero; e a *eustochia* ou astúcia, mencionada por Aristóteles. Pois o senso de prudência também é chamado de entendimento, daí que o Filósofo diga, na *Ética* (VI, 11), que de tais coisas, é preciso ter senso, e isso é entendimento. Dessas oito coisas, cinco pertencem à prudência como virtude cognitiva, a saber, a memória, o raciocínio, o entendimento, a docilidade e a astúcia, enquanto as outras três lhe pertencem como virtude preceitiva, em que se aplica o conhecimento à ação, a saber, a previsão, a circunspecção e a cautela. A razão dessa diferenciação se deve ao fato de que três coisas podem ser observadas no que se refere o conhecimento. Em primeiro lugar, se o conhecimento é a respeito do passado, é chamado de memória, se do presente, quer contingente quer necessário, é chamado de entendimento ou inteligência. Em segundo lugar, a própria aquisição de conhecimento é causada ou pela disciplina, a qual pertence a docilidade, ou pela descoberta, a que pertence a *eustochia*, isto é, por uma conjectura feliz – da qual a astúcia é uma parte, que é uma conjectura rápida do termo médio, conforme declarado nos *Analíticos posteriores* (I, 9). Em terceiro lugar, devemos considerar o uso do conhecimento, na medida em que procedemos de coisas conhecidas ao conhecimento ou julgamento de outras coisas, e isso pertence ao raciocínio. E a razão, para comandar corretamente, requer três condições: primeiro, ordenar o que é adequado ao fim, e isso pertence à previsão; segundo, atender às circunstâncias do assunto em questão, o que pertence à circunspecção; terceiro, evitar obstáculos, o que pertence à cautela.

As partes subjetivas de uma virtude são suas várias espécies. E, nesse sentido, as partes da prudência, se as tomarmos adequadamente, são: 1) a prudência pela qual uma pessoa se governa, 2) a prudência pela qual alguém governa uma multidão; esses dois tipos diferem em espécie, como indicado acima (q.47, a.11). Por sua vez, a prudência pela qual uma multidão é governada é classificada em várias espécies, conforme os vários tipos de grupos de pessoas. Pois há grupos de pessoas que são reunidos para algum propósito particular; assim, um exército é reunido para lutar, e a prudência que o governa é chamada de militar. Há também grupos de pessoas que se unem por toda uma vida, como é o caso do grupo que constitui um lar ou família, que é governada pela prudência doméstica; e há também o grupo de pessoas que fazem parte de uma cidade ou reino, cujo governo pertence ao príncipe sob a forma de prudência administrativa e aos súditos como prudência política entendida de modo simples.

No entanto, se a prudência for entendida em um sentido amplo, incluindo também o conhecimento especulativo, como declarado acima (q.47, a.2), então suas partes incluem a dialética, a retórica e a física, de acordo com os três modos de proceder nas ciências. Segundo o primeiro deles, a ciência é obtida por meio da demonstração, e isso é próprio da física (se por meio da física forem compreendidas todas as ciências demonstrativas). O segundo método consiste em chegar a uma opinião de acordo com premissas prováveis, o que pertence à dialética. O terceiro método é empregar conjecturas para induzir uma certa suspeita ou de certo modo persuadir um pouco, e isso pertence à retórica. Pode-se dizer, no entanto, que esses três modos pertencem também à prudência propriamente dita, uma vez que argumenta algumas vezes a partir de premissas necessárias, outras de probabilidades e outras de conjecturas.

As partes potenciais de uma virtude são as virtudes com ela relacionadas, que são direcionadas a certos atos ou assuntos secundários, não tendo, por assim dizer, todo o poder da virtude principal. Dessa maneira, as partes da prudência são a *eubulia* (a boa deliberação), que diz respeito a conselhos, a *synesis* (o bom senso), que diz respeito ao julgamento em assuntos de ocorrência comum, e o *gnome* (a compreensão), que se refere ao julgamento em assuntos de exceção à lei. Mas a prudência está relacionada com o ato principal, que é comandar.

Portanto, com respeito à primeira objeção, deve-se dizer que há diferentes enumerações das partes da prudência: ou de acordo com os diferentes tipos de partes que lhe são atribuídos ou porque o que é mencionado em uma enumeração inclui várias partes mencionadas em outra enumeração. Assim, Cícero inclui a cautela e a circunspecção na previsão, e o raciocínio, a docilidade e a astúcia no entendimento.

Quanto à segunda objeção, deve-se dizer que a prudência doméstica e a cívica não devem ser entendidas como ciências, mas como espécies de prudência. Quanto às outras três, a resposta pode ser obtida com base no que já foi discutido.

Sobre a terceira objeção, deve-se dizer que todas essas coisas não são consideradas partes da prudência em seu sentido comum, mas na medida em que estão relacionadas com as coisas que dizem respeito à prudência.

Quanto à quarta objeção, deve-se dizer que o comando correto e o uso correto sempre andam juntos, porque ao comando da razão segue-se a obediência por parte das faculdades inferiores, que estão no âmbito do uso.

Sobre a quinta objeção, deve-se dizer que a solicitude está incluída no conceito de provisão.

Questão 49

Sobre cada parte semi-integral da prudência

Devemos agora considerar cada parte semi-integral da prudência; sobre esse assunto há oito temas a serem investigados:

- em primeiro lugar, a memória;
- em segundo lugar, o entendimento ou inteligência;
- em terceiro, a docilidade;
- em quarto, a astúcia;
- em quinto, a razão;
- em sexto, a previsão;
- em sétimo, a circunspecção;
- em oitavo, o cuidado.

Artigo 1: A memória faz parte da prudência?

Parece que a memória não faria parte da prudência. Pois, como prova o Filósofo (*Sobre a memória e a reminiscência* I), a memória está na parte sensível da alma, enquanto a prudência está na parte racional (*Ética* VI, 5). Portanto, a memória não participa da prudência.

Além disso, a prudência é adquirida e aperfeiçoada pela experiência, enquanto a memória está em nós por natureza. Portanto, a memória não faz parte da prudência.

Ademais, a memória diz respeito ao passado, enquanto a prudência é concernente a ações futuras, sobre as quais os conselhos dizem respeito, conforme declarado na *Ética* (VI 2, 7). Portanto, a memória não faz parte da prudência.

Pelo contrário, Cícero (*Sobre a invenção retórica* II, 53) classifica a memória entre as partes da prudência.

Respondo que a prudência diz respeito a ações contingentes, como afirmado acima (q.47, a.5). Entretanto, em assuntos semelhantes, uma pessoa não pode ser guiada por coisas que são simples e necessariamente verdadeiras, mas por aquelas que ocorrem na maioria dos casos, porque os princípios devem ser proporcionais às suas conclusões e o semelhante deve ser concluído a partir do semelhante (*Ética* VI; *Analíticos posteriores* I, 32). Mas precisamos de experiência para descobrir o que é verdadeiro na maioria dos casos, por isso, o Filósofo diz (*Ética* II, 1) que a virtude intelectual é gerada e fomentada pela experiência e pelo tempo. Ora, a experiência é o resultado de muitas memórias, como é afirmado na *Metafísica* I, portanto, a prudência requer a memória de muitas coisas. Assim, é conveniente que a memória seja considerada parte da prudência.

Contra a primeira objeção, conforme declarado acima (q.47, a.3 e a.6), deve-se dizer que a prudência aplica o conhecimento universal aos objetos particulares dos sentidos, por isso muitas coisas pertencentes às faculdades sensíveis são necessárias para a prudência, e a memória é uma delas.

À segunda objeção, deve-se dizer que assim como a aptidão para a prudência está em nossa natureza, enquanto a perfeição vem da prática ou da graça, como afirma Cícero em sua retórica (*Retórica a Herênio* III, 16, 24), a memória igualmente não resulta apenas da natureza, mas também é auxiliada pela arte e diligência. E há quatro coisas pelas quais uma pessoa aperfeiçoa a memória. A primeira é esta: quando alguém quiser lembrar de alguma coisa, deve pensar em uma ilustração adequada, ainda que um tanto não usual, uma vez que o não usual nos impressiona mais e, assim, causa uma impressão maior e mais forte na mente, e isso explica por que lembramos melhor o que vimos quando éramos crianças. A razão da necessidade de encontrar essas ilustrações ou imagens é que impressões simples e espirituais escapam mais facilmente da mente a menos que estejam ligadas a alguma imagem corporal, porque o conhecimento humano tem maior controle sobre objetos sensíveis. Por esse motivo a memória é atribuída à parte sensível da alma. Em segundo lugar, o que quer que uma pessoa deseje reter em sua memória deve considerar cuidadosamente e ordenar, para que possa passar facilmente de uma lembrança a outra. Por isso, o Filósofo afirma que às vezes um lugar nos traz lembranças porque passamos rapidamente de uma coisa a outra (*Sobre a memória e a reminiscência* II). Em terceiro lugar, é oportuno que uma pessoa fique atenta e sinta afeição pelas coisas que deseja lembrar, porque quanto mais uma coisa é impressa na mente, menos ela pode escapar dela. Daí que Cícero diga em sua retórica (*a Herênio* III) que a atenção preserva as figuras das imagens por inteiro. Quarto, devemos refletir frequentemente sobre as coisas que queremos lembrar. Nesse sentido, o Filósofo diz (*Sobre a memória* I) que a reflexão preserva as memórias, porque, como observa (*Sobre a memória* II) o costume é como uma segunda natureza; portanto, quando refletimos sobre uma coisa com frequência, rapidamente a lembramos, passando de uma coisa para outra por uma espécie de ordem natural.

Quanto à terceira objeção, deve-se dizer que cabe discutir sobre o futuro com base no passado e nesse sentido a memória do passado é necessária para obter bons conselhos para o futuro.

Artigo 2: O entendimento faz parte da prudência?

Parece que o entendimento não faria parte da prudência. Quando duas coisas são membros de uma divisão, uma não faz parte da outra. Ora, a virtude intelectual é dividida em entendimento e prudência, de acordo com a *Ética* (VI, 3). Portanto, o entendimento não deve ser considerado parte da prudência.

Além disso, o entendimento é numerado entre os dons do Espírito Santo e corresponde à fé, como declarado acima (q.8, a.1). Mas a prudência é outra virtude que não a fé, como resulta obviamente do que foi dito acima (q.4, a.8; I-II, q.62, a.2). Portanto, o entendimento não se refere à prudência.

Ademais, a prudência trata de questões singulares de ação (*Ética* VI, 7), enquanto o entendimento toma conhecimento de objetos universais e imateriais (*Sobre a alma* III, 4). Portanto, o entendimento não faz parte da prudência.

Pelo contrário, Cícero (*Sobre a invenção retórica* II, 53) considera a inteligência uma parte da prudência, e Macróbio (*O sonho de Cipião* I, 8) menciona o entendimento, de forma idêntica.

Respondo que o entendimento não denota aqui o poder intelectual, mas a estimativa correta sobre algum princípio final, que é tomado como evidente, como se diz que compreendemos os primeiros princípios das demonstrações. Ora, toda dedução da razão procede de certas afirmações que são tomadas como primárias, portanto, todo processo de raciocínio procede de algum entendimento. Portanto, uma vez que a prudência é a razão correta aplicada às ações, todo processo de prudência precisa ter sua fonte no entendimento. É por isso que o entendimento é considerado parte da prudência.

Quanto à primeira objeção, deve-se afirmar que o raciocínio da prudência conclui, como ocorre em toda conclusão, em uma questão específica que se relaciona com uma ação, à qual aplica, como fica evidente pelo que se discutiu acima (q.47, a.3), o conhecimento universal. Ora, no silogismo, uma conclusão singular é derivada de uma proposição universal e uma singular. Daí que o raciocínio da prudência deve proceder de um duplo entendimento. O primeiro é conhecedor dos universais, que é o entendimento como virtude intelectual, segundo a qual conhecemos naturalmente não apenas princípios especulativos, mas também princípios universais práticos, como "Não se deve fazer mal a ninguém", como discutimos anteriormente (q.47, a.6). O outro entendimento, conforme declarado na *Ética* (VI, 11), é conhecedor de um extremo, isto é, de alguma matéria prática primária singular e contingente, ou seja, é a premissa menor, que deve ser singular no silogismo da prudência, como declarado acima (q.47, a.3 e a.6). Ora, esse singular primário é um fim singular, como mencionado no mesmo trecho. Portanto, o entendimento que faz parte da prudência é uma estimativa correta de um fim específico.

Sobre a segunda objeção, deve-se dizer que o entendimento como dom do Espírito Santo é uma rápida compreensão das coisas divinas, segundo demonstrado anteriormente (q.8, a.1 e a.2). Entretanto, é em outro sentido que o entendimento é considerado como parte da prudência, conforme foi dito acima.

Sobre a terceira objeção, deve-se dizer que a estimativa correta sobre um fim específico é chamada ora de entendimento, na medida em que seu objeto é um princípio, ora de sentido, na medida em que seu objeto é um particular. É isso que o Filósofo quer dizer quando declara (*Ética* V, 11) que de tais coisas precisamos ter o sentido, isto é, o entendimento. No entanto, essa declaração não deve ser entendida como se referindo ao sentido particular, pelo qual conhecemos adequadamente os objetos dos sentidos, mas sim como se referindo ao sentido interior, pelo qual julgamos determinado caso particular.

Artigo 3: A docilidade deve ser considerada parte da prudência?

Parece que a docilidade não deveria ser considerada parte da prudência, porque uma condição necessária de toda virtude intelectual não deve ser apropriada para somente uma delas. Ora, a docilidade é necessária para toda virtude intelectual. Logo, não deve ser considerada parte da prudência.

Além disso, as coisas que se referem à virtude humana estão em nosso poder, já que somos louvados ou culpados por coisas que estão em nosso poder. Ora, não está em nosso poder ser dóceis, já que isso é adequado a alguns por meio de sua disposição natural. Portanto, a docilidade não faz parte da prudência.

Ademais, a docilidade está no discípulo enquanto a prudência, uma vez que ordena preceitos, parece antes pertencer aos mestres, que também são chamados de preceptores. Logo, a docilidade não faz parte da prudência.

Pelo contrário, Macróbio (*O sonho de Cipião*, I, 8), seguindo a opinião de Plotino, coloca a docilidade entre as partes da prudência.

Respondo, como declarado acima (a.2; q.47, a.3), que a prudência está preocupada com questões particulares de ação e, como essas questões são de variedade infinita, ninguém é capaz por conta própria de considerá-las suficientemente nem de modo rápido, pois requerem tempo. Portanto, em questões de prudência, precisamos muito ser ensinados por outras pessoas, especialmente pelas idosas que adquiriram uma compreensão sã acerca dos fins em questões práticas. Daí que o Filósofo diga (*Ética* VI, 11) que é oportuno prestar não menos atenção às afirmações e opiniões não demonstradas de pessoas que são experientes, mais velhas que nós e prudentes, do que a suas demonstrações, porque sua experiência dá a elas uma visão dos princípios. É nesse sentido que está escrito em Pr 3,5 que não devemos nos apoiar em nossa própria prudência, e em Ecl 6,34: "Frequenta a companhia dos anciãos [prudentes] (isto é, dos idosos) e apega-te [de coração] à sabedoria deles". Pois é sinal de docilidade estar pronto a ser ensinado. Portanto, a docilidade é considerada acertadamente como parte da prudência.

À primeira objeção, deve-se dizer que embora a docilidade seja útil a todas as virtudes intelectuais, ela pertence principalmente à prudência, pelo motivo exposto acima.

À segunda objeção, deve-se dizer que o ser humano tem uma aptidão natural para a docilidade, assim como para outras coisas relacionadas com a prudência. No entanto, seus próprios esforços contam muito para alcançar a perfeita docilidade e ele deve aplicar sua mente com frequência, cuidado e reverência aos ensinamentos dos eruditos, e não deve, por preguiça, negligenciá-los ou desprezá-los por orgulho.

Quanto à terceira objeção, deve-se afirmar que pela prudência o ser humano não apenas faz preceitos para os outros, mas também para si mesmo, como declarado anteriormente (q.47, a.12). Portanto, como afirmado na *Ética* (VI, 11), também nos súditos há lugar para a prudência, como discutido acima, pois a docilidade é pertinente para eles. E até mesmo os eruditos devem ser dóceis em alguns aspectos, uma vez que ninguém é completamente autossuficiente em questões de prudência, como já foi dito.

Artigo 4: A perspicácia faz parte da prudência?

Parece que a perspicácia não faria parte da prudência. Pois a perspicácia consiste em encontrar facilmente o termo médio nas demonstrações, conforme declarado nos *Analíticos posteriores* (I, 34). Mas o raciocínio da prudência não é uma demonstração, visto que lida com contingências. Portanto, a perspicácia não se refere à prudência.

Além disso, de acordo com a *Ética* (VI 5, 7, 9), a deliberação diz respeito à prudência. Porém, na deliberação não há lugar para a perspicácia (cf. *Ética* VI, 9; *Analíticos posteriores* I, 34), pois esta é uma espécie de *eustochia*, isto é, uma conjectura feliz, sem raciocínio e rápida, enquanto o conselho precisa de tempo, como diz a *Ética* (VI, 9). Portanto, a perspicácia não deve ser incluída como parte da prudência.

Ademais, a perspicácia, como afirmado acima (q.48), é uma conjectura feliz. Ora, é próprio dos retóricos fazer uso de conjecturas. Portanto, a perspicácia pertence à retórica e não à prudência.

Pelo contrário, Isidoro declara no décimo livro das *Etimologias*, que um homem solícito é aquele que é perspicaz e alerta (*solers citus*). Mas a solicitude pertence à prudência, como afirmado acima (q.47, a.9), e, por conseguinte, a perspicácia também.

Respondo que é próprio do prudente fazer estimativas corretas sobre questões de ação. Porém, uma estimativa correta, tanto em questões práticas quanto em especulativas, é adquirida de duas maneiras: ou descobrindo por si mesmo ou aprendendo com os outros. Ora, assim como a docilidade consiste em que uma pessoa esteja bem-disposta a aceitar uma opinião correta, a perspicácia é uma disposição adequada para obter uma estimativa correta por si mesma; isso se a perspicácia é entendida por *eustochia*, da qual, na verdade, é uma parte. Pois a *eustochia* é uma conjectura feliz sobre qualquer assunto, enquanto a perspicácia é uma conjectura fácil e rápida relacionada com encontrar o termo médio (*Analíticos posteriores* I, 34). Contudo, aquele filósofo [Andrônico] (cf. a primeira objeção da q.48), que classifica a perspicácia como parte da prudência, considera-a como *eustochia* em sentido geral, e por isso declara que a perspicácia é um hábito que se produz rapidamente por meio do qual se descobre o que é devido.

Em relação à primeira objeção, deve-se dizer que a perspicácia relaciona-se com a descoberta do meio-termo não apenas no que diz respeito a argumentos demonstrativos, mas também em silogismos práticos, como, por exemplo, quando alguém vê que dois homens são amigos e conclui serem eles inimigos de um terceiro, como diz o Filósofo nos *Analíticos posteriores* (I, 34). Nesse sentido, a perspicácia pertence à prudência.

Quanto à segunda objeção, o Filósofo apresenta a verdadeira razão (*Ética* VI, 9) para provar que a *euboulia*, isto é, a boa deliberação, não é a *eustochia*, graças à qual entendemos rapidamente o que deve ser feito. Ora, uma pessoa pode deliberar bem embora seja demorada ou lenta ao fazê-lo, o que não exclui a utilidade da conjectura feliz resultante da boa deliberação. Mas, às vezes, a rapidez é necessária, quando, por exemplo, algo tem que ser feito de improviso. É por essa razão que a perspicácia é adequadamente considerada como parte da prudência.

No que diz respeito à terceira objeção, a retórica também argumenta sobre questões práticas, pois nada impede que a mesma coisa pertencente à retórica e à prudência. Não obstante, a conjectura é tomada aqui não apenas no sentido empregado pelos retóricos, mas também como aplicável a todos os assuntos em que se diz que o ser humano faz conjecturas sobre a verdade.

Artigo 5: A razão deve ser considerada parte da prudência?

Parece que a razão não deveria ser considerada parte da prudência, pois o sujeito de um acidente não faz parte dele. Ora, a prudência está na razão como em seu sujeito (*Ética* VI, 5). Portanto, a razão não deve ser considerada como parte da prudência.

Além disso, o que é comum a muitos, não deve ser considerado parte de nenhum deles; ou, se for assim considerado, deve ser entendido como parte daquilo a que pertence principalmente. Ora, a razão é necessária em todas as virtudes intelectuais, e principalmente na sabedoria e na ciência, que empregam uma razão demonstrativa. Portanto, a razão não deve ser considerada parte da prudência.

Ademais, a razão como poder não difere essencialmente do entendimento, como foi visto acima (I-II, q.79, a.8). Se, portanto, o entendimento é considerado parte da prudência, é supérfluo acrescentar a razão.

Pelo contrário, Macróbio (*O sonho de Cipião* I), seguindo a opinião de Plotino, enumera a razão entre as partes da prudência.

Respondo que é tarefa de uma pessoa prudente deliberar bem, conforme declarado na *Ética* (VI, 7). Mas o conselho é uma pesquisa que parte de certas coisas para chegar a outras. Ora, isto é trabalho da razão. Portanto, é necessário para a prudência que a pessoa siga um raciocínio adequado. E, como as coisas necessárias para a perfeição da prudência são chamadas partes necessárias ou quase integrais da prudência, segue-se que a razão deve ser enumerada entre as partes da prudência.

Sobre a primeira objeção, deve-se dizer que a razão aqui não deve ser entendida como a faculdade da razão, mas como o seu bom uso.

Quanto à segunda objeção, a certeza da razão vem do intelecto. No entanto, a necessidade da razão é proveniente de um defeito no intelecto, uma vez que aquelas coisas nas quais o poder intelectivo está em pleno vigor não têm necessidade de razão, pois compreendem a verdade por sua simples compreensão, assim como Deus e os anjos. Por outro lado, questões particulares de ação, nas quais a prudência serve de guia, estão particularmente distantes da realidade das coisas inteligíveis, e tanto mais longe quanto menos certas e fixas. Assim, as questões de arte, embora sejam singulares, são, no entanto, mais fixas e certas; portanto, em muitas delas, não há espaço para deliberação, por conta de sua certeza, como afirma a *Ética* (III, 3). Portanto, embora em outras virtudes intelectuais a razão seja mais certa do que na prudência, a prudência exige acima de tudo que a pessoa siga um raciocínio adequado, para que possa aplicar corretamente os universais aos particulares, que são variados e incertos.

No que diz respeito à terceira objeção, embora a inteligência e a razão não sejam faculdades diferentes, elas são denominadas de acordo com atos diversos. De fato, a inteligência leva esse nome por ser uma penetração íntima da verdade (cf. II-II, q.8, a.1), enquanto a razão se deriva do questionamento e do processo discursivo. E assim ambas são consideradas partes da prudência, conforme explicado acima (a.2; q.47, a.2).

Artigo 6: A previdência deve ser considerada parte da prudência?

Parece que a previdência não deva ser considerada parte da prudência. Pois nada faz parte de si mesmo. Mas a previdência parece ser idêntica à prudência, porque, de acordo com Isidoro (*Etimologias* X), uma pessoa prudente é aquela que vê de longe [*porro videns*], que também é a derivação de *providentia* de acordo com Boécio (*A consolação da filosofia* V). Portanto, a previdência não é parte da prudência.

Além disso, a prudência é apenas prática, enquanto a previdência pode ser também especulativa, porque "ver", de onde temos a palavra "prever", está mais relacionada com a especulação do que à operação. Portanto, a previdência não é parte da prudência.

Ademais, o principal ato da prudência é ordenar, enquanto seu ato secundário é julgar e deliberar, mas nenhum dos dois parece estar devidamente implícito no nome "previdência". Portanto, a previdência não é parte da prudência.

Contra isso, a autoridade de Cícero e Macróbio classifica a previdência entre as partes da prudência, como fica evidente pelo que foi dito acima (q.48).

Respondo, como afirmado anteriormente (q.47, a.1, a.6 e a.13), que é próprio da prudência tratar dos meios para se atingir um fim, e seu ofício próprio é ordená-los devidamente para esse fim. E, embora algumas coisas que são necessárias para um fim estejam sujeitas à Providência Divina, nada está sujeito à prudência humana exceto as questões contingentes de ações que podem ser realizadas pelo ser humano para um fim. Todavia, as ações do passado já se tornaram um tipo de necessidade, uma vez que o que foi feito não pode ser desfeito. Da mesma forma, as coisas presentes, enquanto presentes, têm um tipo de necessidade, uma vez que é necessário que Sócrates fique sentado enquanto ele estiver sentado.

Consequentemente, os únicos atos contingentes futuros relacionados com a prudência são aqueles que podem ser direcionados pelo ser humano ao fim último da vida. Ora, na palavra "providência" estão implícitas estas duas coisas: a noção de uma relação com algo distante a que devem ser ordenadas as coisas que acontecem no presente. Por isso, a previdência é parte da prudência.

Em relação à primeira objeção, deve-se dizer que sempre que muitas coisas são necessárias para uma unidade, uma delas precisa ser o principal, à qual todas as outras estão subordinadas. Portanto, em cada totalidade deve haver uma parte formal e predominante, de onde o todo retira sua unidade. Nesse sentido, a previdência é a principal de todas as partes da prudência, uma vez que todos as outras coisas que são necessárias para a prudência o são precisamente para que alguma coisa em particular possa ser corretamente direcionada para o seu fim. Por isso, o próprio nome da prudência é retirado da previdência [*providentia*] como de sua parte principal.

Acerca da segunda objeção, deve-se dizer que a especulação diz respeito a coisas universais e necessárias, que, por si só, não estão distantes, pois estão continuamente em toda parte, embora estejam distantes de nós na medida em que não as conhecemos. Por conseguinte, a previdência não se aplica de modo próprio a questões especulativas, mas somente a questões práticas.

Quanto à terceira objeção, deve-se dizer que na ordem correta para um fim, que faz parte da noção de previdência, estão implícitas a retidão de deliberação, de julgamento e ordem, sem os quais nenhuma ordem correta para um fim é possível.

Artigo 7: A circunspecção pode fazer parte da prudência?

Parece que a circunspecção não poderia fazer parte da prudência. Pois a circunspecção parece significar um olhar para as circunstâncias, mas estas são em número infinito e não podem ser compreendidas pela razão, e a prudência está incluída na razão. Logo, a circunspecção não deve ser parte da prudência.

Além disso, as circunstâncias parecem constituir uma preocupação mais relacionada com as virtudes morais do que com a prudência. Ora, a circunspecção parece denotar nada além da atenção às circunstâncias. Portanto, a circunspecção parece estar mais relacionada com as virtudes morais do que com a prudência.

Ademais, quem é capaz de ver as coisas de longe muito mais será de ver as que estão próximas. Ora, pela previdência a pessoa é capaz de antever coisas que estão distantes. Logo, a previdência é suficiente na consideração das circunstâncias. Não é necessário, portanto, classificar, além da previdência, também a circunspecção como parte da prudência.

Contra essas conclusões há a autoridade de Macróbio, citada anteriormente (q.48).

Respondo que, como afirmado acima (a.6), a principal tarefa da prudência é direcionar as coisas retamente ao seu fim; e isso não pode ser feito retamente a não ser que o fim seja bom e que os meios também sejam bons e adequados.

Visto que, no entanto, a prudência, como afirmado acima (q.47, a.3), trata de questões singulares de ação, que contêm muitas combinações de circunstâncias, ocorre que uma ação considerada boa e adequada a um fim, não obstante, torne-se má ou inadequada, devido a alguma combinação de circunstâncias. Assim, mostrar sinais de amor a alguém parece, por si só, uma maneira adequada de despertar amor em seu coração; contudo, se surgir orgulho ou suspeita de bajulação em seu coração, não será mais um meio adequado para o fim. Daí a necessidade da circunspecção para a prudência, ou seja, de comparar meios e circunstâncias.

Em relação à primeira objeção, embora o número de circunstâncias possíveis seja infinito, o número de circunstâncias reais não é, e o julgamento da razão em questões de ação é influenciado por coisas que são poucas em número.

Quanto à segunda objeção, por um lado, as circunstâncias são pertinentes à prudência para que esta as determine, por outro, as circunstâncias são a preocupação das virtudes morais na medida em que estas são aperfeiçoadas pela determinação das circunstâncias.

Sobre a terceira objeção, assim como é tarefa da previdência considerar se alguma coisa, por sua natureza, é adequada a um determinado fim, é tarefa da circunspecção considerar se tal coisa é adequada para esse fim em vista das circunstâncias. Cada uma, entretanto, tem sua própria dificuldade e, por isso, são consideradas partes distintas da prudência.

Artigo 8: A cautela deve ser considerada parte da prudência?

Parece que a cautela não deva ser considerada parte da prudência. Pois quando nenhum mal é possível, nenhuma cautela é necessária. Ora, ninguém faz mal uso das virtudes, como declara Agostinho (*Sobre o livre-arbítrio* II, 19). Portanto, a cautela não pertence à prudência, que é orientadora das virtudes.

Além disso, prover o bem e evitar o mal é atributo da mesma faculdade, assim como dar saúde e curar as doenças pertencem à mesma arte. Ora, é atributo da previdência prever o bem e, ato contínuo, acautelar-se também do mal. Portanto, a cautela não deve ser considerada como uma parte da prudência distinta da previdência.

Ademais, nenhuma pessoa prudente luta pelo impossível. Ora, ninguém pode tomar precauções contra todos os males possíveis. Portanto, a cautela não pertence à prudência.

Pelo contrário, o Apóstolo diz (Ef 5,15a): "Vigiai, pois, com cuidado".

Respondo dizendo que as coisas que estão relacionadas com a prudência são questões de ações contingentes, nas quais o falso pode estar misturado com o verdadeiro e o bem com o mal, devido à grande variedade dessas ações, em que as coisas boas muitas vezes são impedidas pelas más que têm uma aparência de bem. Assim, a prudência precisa da cautela para que tenha uma compreensão das coisas boas de tal modo que evite as más.

Quanto à primeira objeção, deve-se dizer que nos atos morais não é necessário ter cautela para acautelar-se dos atos de virtude, mas das coisas que impedem os atos de virtude.

Quanto à segunda objeção, deve-se dizer que seguir o bem e evitar o mal oposto partem do mesmo princípio. Mas evitar os impedimentos externos parte de uma outra ideia. Portanto, a cautela difere da previdência, embora ambas sejam parte da mesma virtude, a prudência.

Sobre a terceira objeção, deve-se dizer que alguns dos males que o ser humano deve evitar são de ocorrência frequente, e estes podem ser compreendidos pela razão; a cautela é direcionada contra esse tipo de males, seja para que possam ser evitados por completo, seja para que ocasionem menos danos. Mas existem outros males que ocorrem raramente e por acaso, e estes, por serem infinitos em número, não podem ser apreendidos pela razão, nem o ser humano pode tomar precauções contra eles, embora possa precaver-se contra todas as surpresas da sorte, pelo exercício da prudência, de modo a sofrer menos danos.

Questão 50

Sobre as partes subjetivas da prudência

Em seguida, devemos considerar as partes subjetivas da prudência. E como já discutimos sobre a prudência com que a pessoa governa a si mesma (q.47), resta-nos agora discutir as espécies de prudência pelas quais uma multidão é governada. Há quatro temas de investigação relacionados com esse assunto:

- em primeiro lugar, se a prudência legislativa é uma das espécies da prudência;
- em segundo, se a prudência política é uma espécie;
- em terceiro, se existe uma prudência econômica;
- em quarto, se existe uma prudência militar.

Artigo 1: A prudência régia é uma espécie da prudência?

Parece que a prudência régia não deva ser considerada uma espécie da prudência, pois a prudência real é direcionada à preservação da justiça, uma vez que, segundo a *Ética* (V, 6), o príncipe é o guardião da justiça. Portanto, a prudência régia pertence à justiça e não à prudência.

Além disso, de acordo com o Filósofo (*Política* III, 5), um reino [*regnum*] é uma das seis espécies de governo. Mas nenhuma espécie de prudência é atribuída às outras cinco formas de governo, que são a aristocracia, a política – também chamada de timocracia (cf. *Ética* VIII, 10) –, a tirania, a oligarquia e a democracia; logo, também não há uma prudência régia derivada de reino [como forma de governo].

Ademais, o ato de legislar pertence não apenas aos reis, mas também a outras pessoas colocados em posições de autoridade e, de acordo com Isidoro, no livro V das *Etimologias*, até mesmo ao povo. Ora, o Filósofo (*Ética* VI, 8) considera que uma parte da prudência é legislativa, portanto, não é conveniente que se coloque a prudência real em seu lugar.

Pelo contrário, o Filósofo declara (*Política* III, 11) que a prudência é uma virtude que é própria do príncipe. Portanto, a prudência régia deve ser uma espécie de prudência.

Respondo, como afirmado anteriormente (q.47, a.8), que pertence à prudência governar e comandar, de modo que, sempre que nos atos humanos encontramos um tipo especial de governança e comando, deve haver um tipo especial de prudência. Ora, é evidente que existe um tipo especial e perfeito de governança em quem precisa governar não apenas a si mesmo, mas também a perfeita comunidade de uma cidade ou reino. Pois um governo é mais perfeito na medida em que é mais universal, estende-se a mais assuntos e alcança um fim superior. Por conseguinte, a prudência, em seu sentido especial e mais perfeito, pertence a um rei encarregado do governo de uma cidade ou reino, por esse motivo, a prudência régia é classificada como uma espécie de prudência.

Em relação à primeira objeção, deve-se declarar que todos os assuntos relacionados com a virtude moral têm a prudência como guia. Daí que a reta razão de acordo com a prudência é incluída na definição de virtude moral, conforme declarado acima (q.47, a.5; I-II, q.58, a.2). Por essa razão, também a execução da justiça, na medida em que é dirigida ao bem comum – que faz parte da responsabilidade real –, precisa da orientação da prudência. Portanto, essas duas virtudes – a prudência e a justiça – são as mais próprias de um rei; segundo Jr 23,5: "um rei reinará e agirá com inteligência e administrará no país o direito e a justiça". Entretanto, visto que a direção pertence mais ao rei e a execução mais a seus súditos, a prudência real é considerada mais como uma espécie da prudência diretiva do que como uma espécie da justiça, que é executiva.

Quanto à segunda objeção, deve-se afirmar que o reino é a melhor de todas as formas de governo, conforme declarado na *Ética* (VIII,10). Assim, as espécies de prudência devem estar associadas mais ao reino, de modo que a realeza compreende todas as outras formas legítimas de governo, mas não as formas perversas que são contrárias à virtude e que, portanto, não pertencem à prudência.

Sobre a terceira objeção, deve-se declarar que o filósofo nomeia a prudência real segundo o ato principal de um rei, que é fazer leis; e embora isso se aplique a outras formas de governo, nelas ocorre apenas na medida em que participam do governo real.

Artigo 2: É adequado considerar a prudência política como parte da prudência?

Parece que a prudência política seria inadequadamente classificada como parte da prudência. Pois a prudência real é uma parte da prudência política, como afirmado acima (a.1), e uma parte não deve ser subdividida em contraposição ao todo. Portanto, a prudência política não deve ser vista como uma espécie da prudência.

Além disso, as espécies de hábitos são distinguidas por seus vários objetos. Ora, o que o governante precisa comandar é o mesmo que o súdito deve executar. Portanto, a prudência política em relação aos súditos não deve ser considerada uma espécie de prudência distinta da prudência régia.

Ademais, cada súdito é uma pessoa individual que pode guiar a si mesma suficientemente por meio da prudência comumente dita. Portanto, não há necessidade de um tipo especial de prudência chamada política.

Pelo contrário, o Filósofo declara (*Ética* VI, 8) que o tipo de prudência que se refere ao Estado, por ser arquitetônica, é chamada de legislativa, o outro tipo é geralmente denominado prudência política e diz respeito aos indivíduos.

Respondo que um servo é movido por seu mestre e um súdito por seu governante por meio de comandos, porém diferentemente da maneira como seres irracionais e inanimados são movidos por seus motores. Pois seres irracionais e inanimados são movidos apenas por outros e não se põem em movimento, pois não têm livre-arbítrio para dominar suas próprias ações. Assim, a retidão de seu governo não está em seu poder, mas no poder de seus motores. Por outro lado, seres humanos servis ou súditos, em qualquer sentido, são movidos pelos comandos de outrem de tal modo que se movem por seu livre-arbítrio, e, portanto, exigem certa retidão da parte do governo, para que possam se orientar na obediência a seus superiores; e a isso pertence aquela espécie de prudência a que se dá o nome de política.

Quanto à primeira objeção, como declarado acima, deve-se afirmar que a prudência régia é a espécie mais perfeita. Portanto, a prudência dos súditos, que fica aquém da prudência régia, preserva o nome comum de prudência política, assim como na lógica um termo conversível que não denota a essência de uma coisa retém o nome do próprio.

Quanto à segunda objeção, deve-se dizer que um aspecto diferente do objeto diversifica as espécies de um hábito, conforme discutido acima (q.47, a.5). Ora, as mesmas ações são consideradas pelo rei, mas sob um aspecto mais geral do que pelos súditos que o obedecem, já que muitos obedecem a um mesmo rei ao desempenharem diferentes tarefas. Portanto, a prudência régia está para essa prudência política de que estamos falando como a arte da arquitetura está para a mão de obra operante.

No que diz respeito à terceira objeção, deve-se afirmar que o ser humano, em relação ao seu próprio bem, dirige-se pela prudência comumente dita; porém, em relação ao bem comum, dirige-se pela prudência política, sobre a qual já discutimos.

Artigo 3: A prudência doméstica deve ser considerada uma parte da prudência?

Parece que a prudência doméstica não deveria ser considerada parte da prudência. Pois, de acordo com o Filósofo (*Ética* VI, 5), a prudência é direcionada para o bem viver em geral, enquanto a prudência doméstica é direcionada para um fim específico, ou seja, a riqueza, como declarado na *Ética* (I, 1). Portanto, a prudência doméstica não é uma espécie da prudência.

Além disso, conforme indicado acima (q.47, a.13), a prudência diz respeito apenas a pessoas boas. Mas as pessoas más também podem ser prudentes do ponto de vista doméstico, pois muitos pecadores são providentes no governo de suas famílias.

Portanto, a prudência doméstica não deve ser considerada uma espécie de prudência.

Ademais, assim como em um reino há governante e súdito, o mesmo ocorre em uma casa. Se, portanto, a prudência econômica é uma espécie de prudência semelhante à prudência política, deveria haver uma prudência paternal correspondente à prudência real, mas, como não há esse tipo de prudência, logo, a prudência doméstica também não deve ser considerada uma espécie de prudência.

Pelo contrário, o Filósofo afirma (*Ética* VI, 8) que existem vários tipos de prudência no governo de um grupo de pessoas, uma das quais é doméstica, outra, legislativa, outra, política.

Respondo que diferentes aspectos de um objeto, em relação à universalidade e particularidade ou à totalidade e parcialidade, diversificam as artes e virtudes; e em relação a essa diversidade, um ato de virtude é principal em comparação com outro. Ora, é evidente que uma família é um meio-termo entre o indivíduo e a cidade ou o reino, uma vez que, assim como o indivíduo faz parte da família, o mesmo ocorre com a família na cidade ou reino. Portanto, assim como aquilo que governa o indivíduo e recebe comumente o nome de prudência é diferenciado da prudência política, a prudência doméstica deve ser diferenciada de ambas.

Portanto, sobre a primeira objeção, deve-se dizer que as riquezas estão relacionadas com a prudência doméstica não como seu fim último, mas como seu instrumento, conforme declarado na *Política* (I, 3). Ora, o fim da prudência econômica é o bem viver em geral no que diz respeito ao trato da família. Na *Ética* (I, 1), o Filósofo fala das riquezas como o fim da prudência política a título de exemplo e segundo a opinião de muitos.

Quanto à segunda objeção, alguns pecadores podem ser providentes em certos assuntos menores relacionados com a organização de suas famílias, mas não no que diz respeito ao sentido geral do bem viver relacionado com a conduta da família, para o qual se exige sobretudo uma vida virtuosa.

Sobre a terceira objeção, o pai tem em sua casa uma autoridade que possui certa semelhança com a de um rei, conforme declarado na *Ética* (VIII, 10), mas ele não tem todo o poder de um rei; portanto, o governo paterno não é considerado uma espécie distinta de prudência como é o caso da prudência régia.

Artigo 4: A prudência militar deve ser considerada parte da prudência?

Parece que a prudência militar não deveria ser classificada como parte da prudência. Pois, de acordo com a *Ética* (VI, 3), a prudência é distinta da arte. Mas a prudência militar parece ser a arte da guerra, de acordo com o Filósofo (*Ética* III, 8). Portanto, a prudência militar não deve ser considerada uma espécie de prudência.

Além disso, assim como os negócios militares estão contidos nos assuntos políticos, também estão muitos outros, como os dos comerciantes, artesãos, e assim por diante. Mas não há espécies distintas de prudência correspondentes a esses assuntos de Estado. Portanto, nenhum tipo de prudência deve designar os negócios militares.

Além disso, a bravura dos soldados conta muito na guerra. Portanto, a prudência militar refere-se mais à fortaleza do que à prudência.

Pelo contrário, está escrito em Pr 24,6: "com estratégia farás a guerra, e a vitória estará no grande número de conselheiros". Ora, seguir um conselho pertence à prudência. Portanto, na guerra há grande necessidade de uma espécie de prudência denominada militar.

Respondo que quaisquer que sejam as coisas feitas de acordo com a arte ou a razão devem sê-lo em conformidade com aquelas que são segundo a natureza, conforme estabelecidas pela razão divina. Ora, a natureza tem uma dupla tendência: primeiramente governar cada coisa em si mesma; em segundo lugar, resistir a agressores externos e corruptores; por esse motivo, ela forneceu aos animais não apenas a faculdade concupiscível, pela qual eles são movidos para o que é propício a seu bem-estar, mas também o poder irascível, pelo qual o animal resiste a um agressor. Portanto, também naquelas coisas que estão de acordo com a razão, deve haver não apenas prudência política, que disponha de maneira adequada as coisas que pertencem ao bem comum, mas também uma prudência militar, por meio da qual os ataques hostis são repelidos.

Quanto à primeira objeção, deve-se dizer que a prudência militar pode ser entendida como uma arte, na medida em que tem certas regras para o uso correto de objetos externos, como armas e cavalos; mas enquanto é dirigida ao bem comum, inclui-se mais especificamente no domínio da prudência.

Quanto à segunda objeção, deve-se afirmar que os outros assuntos de Estado são direcionados para o lucro de indivíduos, enquanto os negócios militares são geridos a serviço da proteção da totalidade do bem comum.

Quanto à terceira objeção, deve-se dizer que a execução da tarefa militar está relacionada com a fortaleza, mas a direção, especialmente no que tange o comandante em chefe, relaciona-se com a prudência.

Questão 51

Sobre as partes potenciais da prudência

A seguir, devemos considerar as virtudes que estão ligadas à prudência e são, por assim dizer, suas partes potenciais. Sobre esse assunto há quatro temas de investigação:

- se a *eubulia* é uma virtude;
- se existe uma virtude especial, distinta da prudência;
- se a *synesis* é uma virtude, distinta da prudência;
- se o *gnome* é uma virtude especial.

Artigo 1: A *eubulia* é uma virtude?

Parece que a *eubulia* não seria uma virtude. Pois, de acordo com Agostinho (*Sobre o livre-arbítrio* II, 18, 19) ninguém faz mal uso da virtude. Mas alguns fazem mal uso da *eubulia* ou da boa deliberação, seja por meio da criação de deliberações astutas, a fim de alcançar maus fins, seja pela prática de pecados, a fim de alcançar bons fins, como aqueles que roubam para dar esmolas. Portanto, a *eubulia* não é uma virtude.

Além disso, a virtude é uma perfeição, de acordo com a *Física* (VII). Mas a *eubulia* consiste na deliberação, o que implica dúvida e pesquisa, e essas são marcas de imperfeição. Logo, a *eubulia* não é uma virtude.

Ademais, as virtudes estão conectadas umas às outras, como afirmado acima (I-II, q.65). Mas a *eubulia* não tem conexão com outras virtudes, uma vez que muitos pecadores deliberam bem, e muitos homens piedosos são lentos no deliberar. A *eubulia*, portanto, não é uma virtude.

Pelo contrário, segundo o Filósofo (*Ética* VI, 9), a *eubulia* é um aconselhamento correto. Ora, a perfeição da virtude consiste na razão correta. Portanto a *eubulia* é uma virtude.

Respondo, como afirmado anteriormente (q.47, a.4), que a natureza de uma virtude humana consiste em tornar um ato humano bom. No entanto, entre os atos do ser humano, é apropriado que ele delibere, uma vez que isso denota uma pesquisa sobre as ações que ele deve executar no que tange à vida humana, pois a vida especulativa está acima do ser humano, como afirma a *Ética* (X). Mas a *eubulia* significa bondade de conselho, pois é derivada de *eu*, "bom" e *boule*, "conselho", sendo, portanto, "um bom conselho", ou melhor, "uma disposição para seguir um bom conselho". Assim, é evidente que a *eubulia* é uma virtude humana.

Em relação à primeira objeção, deve-se dizer que não há bom conselho na deliberação de um fim maligno ou na descoberta de meios malignos para alcançar um fim bom. De fato, mesmo em questões especulativas, não há um bom raciocínio para se chegar a uma conclusão falsa ou chegar a uma conclusão verdadeira a partir de premissas falsas por meio do emprego de um termo médio inadequado. Portanto, ambos os processos acima mencionados são contrários à *eubulia*, como declara o Filósofo (*Ética* VI, 9).

Quanto à segunda objeção, embora a virtude seja essencialmente uma perfeição, não se segue que tudo que é matéria de uma virtude implique perfeição. Pois o ser humano precisa ser aperfeiçoado pelas virtudes em todas as suas partes, e isso não apenas no que diz respeito aos atos da razão, entre os quais está a deliberação, mas também no que diz respeito às paixões do apetite sensível, que são ainda mais imperfeitas. Pode-se também responder que a virtude humana é uma perfeição de acordo com o modo de ser do ser humano, que é incapaz, por simples intuição, de compreender com certeza a verdade das coisas, especialmente em questões de ações relacionadas com coisas contingentes.

A respeito da terceira objeção, deve-se dizer que em nenhum pecador, como tal, encontra-se a *eubulia*, uma vez que todo pecado é contrário ao seguimento do bom conselho. Pois o bom conselho exige não apenas a descoberta ou a criação de meios adequados para um fim, mas também outras circunstâncias, a saber: o tempo adequado, para que ninguém seja muito lento nem muito rápido em seguir um conselho, e o modo de segui-lo, para que se mantenha firme no conselho seguido – e outras circunstâncias semelhantes, que os pecadores deixam de observar quando pecam. Por outro lado, toda pessoa virtuosa segue um bom conselho naquelas coisas que são direcionadas para o fim da virtude, embora talvez ela não siga bons conselhos em outros assuntos particulares, por exemplo, em questões de comércio, guerra ou similares.

Artigo 2: A *eubulia* é uma virtude especial, distinta da prudência?

Parece que a *eubulia* não seja uma virtude distinta da prudência. Pois, de acordo com o Filósofo (*Ética* VI, 5), a pessoa prudente parece ser alguém que aceita bons conselhos. Mas isso pertence a *eubulia*, como declarado acima. Portanto, a *eubulia* não é distinta da prudência.

Além disso, os atos humanos aos quais as virtudes humanas são dirigidas são especificados principalmente pelo seu fim, como declarado anteriormente (I-II, q.1, a.3; I-II, q.18, a.4). Ora, a *eubulia* e a prudência são direcionadas para o mesmo fim, conforme declarado na *Ética* (VI, 9); não de fato para um fim específico, mas para o fim comum de toda a vida. Portanto, a *eubulia* não é uma virtude distinta da prudência.

Ademais, nas ciências especulativas, pesquisa e decisão pertencem à mesma ciência. Logo, nas questões práticas, de maneira semelhante, pesquisar e decidir pertencem à mesma virtude. Ora, a pesquisa pertence a *eubulia*, enquanto a decisão pertence à prudência. Logo, a *eubulia* não é uma virtude distinta da prudência.

Pelo contrário, a prudência é preceptiva, segundo a *Ética* (VI, 10). Isso, no entanto, não se aplica à *eubulia*. Portanto, a *eubulia* é uma virtude distinta da prudência.

Respondo, como afirmado acima (Artigo 1), que a virtude é adequadamente direcionada a um ato que torna algo ou alguém bom; e consequentemente as virtudes devem diferir de acordo com as diferentes ações, especialmente quando não há o mesmo tipo de bondade nas ações. Se, pois, as várias ações contivessem o mesmo tipo de bondade, pertenceriam à mesma virtude – como a bondade do amor, do desejo e da alegria dependem da mesma bondade, e assim pertencem à mesma virtude da caridade.

Ora, os atos da razão ordenada para a ação são diversos, e não têm o mesmo tipo de bondade, uma vez que é devido a diferentes causas que uma pessoa adquire um bom conselho, um bom julgamento ou um bom comando, o que fica evidente pelo fato de serem diferenciados entre si. Consequentemente, a *eubulia*, que faz a pessoa seguir um bom conselho, deve ser uma virtude distinta da prudência que se relaciona com a capacidade de comandar bem. E assim como a deliberação é orientada para o comando, como virtude principal, assim também a *eubulia* é direcionada à prudência como virtude principal, sem a qual não haveria qualquer virtude, assim como não haveria quaisquer virtudes morais sem a prudência, nem as demais virtudes sem a caridade.

Com respeito à primeira objeção, deve-se afirmar que pertence à prudência o bem deliberar de modo imperativo, mas à *eubulia* de modo exercitativo.

Quanto à segunda objeção, deve-se dizer que atos diferentes são dirigidos em diferentes graus à única finalidade de viver bem em sua totalidade (*Ética* VI, 5), pois a deliberação vem primeiro, o julgamento segue e o comando vem por último, este último tem uma relação imediata com o fim, enquanto os outros dois relacionam-se com ele remotamente. Entretanto, aqueles dois têm certos fins próximos, sendo o fim da deliberação a descoberta do que deve ser feito e, do julgamento, a certeza. Disso não se segue que a *eubulia* e a prudência não sejam virtudes distintas, mas que a *eubulia* está subordinada à prudência, como uma virtude secundária subordina-se à principal.

Em relação à terceira objeção, deve-se dizer que mesmo em questões especulativas, uma é a ciência racional da dialética, direcionada à pesquisa e à descoberta, e outra à ciência demonstrativa, com que se determina a verdade.

Artigo 3: A *synesis* é uma virtude?

Parece que a *synesis* não seria uma virtude, pois as virtudes não estão em nós por natureza, de acordo com a *Ética* (II, 1). Mas a *synesis* é natural para alguns, como afirma o Filósofo (*Ética* VI, 11). Portanto, a *synesis* não é uma virtude.

Além disso, como afirmado no mesmo livro (10), a *synesis* não passa de uma faculdade de julgar. Mas o julgamento sem ordem pode existir até entre os iníquos. Logo, como a virtude está apenas nos bons, parece que a *synesis* não é uma virtude.

Ademais, nunca há um comando defeituoso, a menos que haja um julgamento defeituoso, pelo menos em uma questão de ação específica, pois é nisso que toda pessoa má erra. Se, portanto, a *synesis* é considerada uma virtude direcionada ao bom julgamento, parece que não há necessidade de qualquer outra virtude direcionada ao bom comando, e, consequentemente, a prudência seria supérflua, o que não é razoável. Portanto, a *synesis* não é uma virtude.

Pelo contrário, o julgamento é mais perfeito que o conselho. Ora, se a *eubulia* ou bom conselho é uma virtude, muito mais, portanto, é a *synesis* uma virtude, pois equivale ao bem julgar.

Respondo que a *synesis* diz respeito a julgamentos corretos, não sobre questões especulativas, mas sobre questões práticas particulares, acerca das quais também versa a prudência. Por isso, em grego, alguns, em relação à *synesis*, são ditos *synetoi*, ou seja, pessoas sensatas, ou *eusynetoi*, isto é, homens de bom senso, assim como, por outro lado, aqueles que carecem dessa virtude são chamados de *asyneti*, isto é, insensatos.

Ora, diferentes atos, que não podem ser atribuídos à mesma causa, devem corresponder a diferentes virtudes. E é evidente que a bondade do conselho e a bondade do julgamento não são redutíveis à mesma causa, pois muitos podem seguir um bom conselho, sem ter bom senso para julgar bem.

Assim como, em assuntos especulativos, alguns são bons em pesquisa, por serem rápidos em argumentar de uma coisa para outra – o que parece dever-se à disposição de seu poder de imaginação, que tem facilidade de formar fantasmas –, contudo essas pessoas às vezes carecem de bom julgamento, o que se deve a um defeito no intelecto decorrente principalmente de uma disposição defeituosa do senso comum, que falha em julgar corretamente. Portanto, é oportuno que haja, além da *eubulia*, uma outra virtude, que julgue bem, à qual se dá o nome de *synesis*.

Em relação à primeira objeção, deve-se dizer que o julgamento correto consiste no poder cognitivo que apreende uma coisa exatamente como na realidade, o que se deve à disposição correta do poder apreensivo. Assim, se um espelho está bem disposto, as formas dos corpos são refletidas exatamente como estão, enquanto que, se estiver mal disposto, as imagens nele aparecem distorcidas e deformadas. Ora, que o poder cognitivo está bem-disposto para receber as coisas exatamente como são na realidade, é radicalmente devido à natureza, mas, quanto à sua consumação, é devido à prática ou a um dom da graça, e isso de duas maneiras. Primeiro diretamente, por parte do próprio poder cognitivo, porque ele está imbuído não de ideias distorcidas, mas de ideias verdadeiras e corretas, e isso pertence à *synesis*, que, em relação a isso, é uma virtude especial. Em segundo lugar, indiretamente, por meio da boa disposição do poder apetitivo, de que resulta que a pessoa julga bem a respeito dos objetos do apetite. Portanto, um bom julgamento da virtude resulta dos hábitos das virtudes morais, mas esse julgamento diz respeito aos fins, enquanto a *synesis* está mais relacionada com os meios.

No tocante à segunda objeção, deve-se dizer que, nas pessoas más, pode haver um julgamento correto de um princípio universal, mas seu julgamento é sempre corrompido nas ações particulares, como declarado acima (q.47, a.13).

Quanto à terceira objeção, deve-se dizer que, às vezes, depois de julgar corretamente, demoramos a executar ou executamos de forma negligente ou desordenada. Portanto, além da virtude que julga corretamente, existe a necessidade adicional de uma virtude final e principal que comande corretamente, a saber, a prudência.

Artigo 4: O *gnome* é uma virtude especial?

Parece que o *gnome* não é uma virtude especial distinta da *synesis*. Diz-se que uma pessoa, em relação à *synesis*, tem bom julgamento. Ora, não se pode dizer que uma pessoa tenha bom julgamento a menos que julgue corretamente em todas as coisas. Portanto, a *synesis* abrange todas as questões de julgamento e, consequentemente, não há outra virtude do bom julgamento chamada *gnome*.

Além disso, o julgamento está a meio caminho entre o conselho e o preceito. Ora, há apenas uma virtude do bom conselho, a saber, a *eubulia* e apenas uma virtude do bom comando, a saber, a prudência. Portanto, há apenas uma virtude do bom julgamento, a saber, a *synesis*.

Ademais, as raras ocorrências em que é necessário afastar-se da lei comum parecem acontecer, na maioria das vezes, por acaso, e a razão não lida com essas coisas, como afirmado na *Física* (II, 5). Mas todas as virtudes intelectuais dependem da razão correta. Logo, não há virtude intelectual sobre tais assuntos.

Pelo contrário, o Filósofo conclui, na *Ética* (VI, 11), que o *gnome* é uma virtude especial.

Respondo que os hábitos cognitivos diferem de acordo com princípios superiores e inferiores. Assim, em assuntos especulativos, a sabedoria considera princípios mais elevados do que a ciência e, consequentemente, distingue-se dela, e o mesmo deve acontecer também em questões práticas. Ora, é evidente que o que está além da ordem de um princípio ou causa inferior, às vezes é atribuído à ordem de um princípio superior; por exemplo, nascimentos monstruosos de animais estão fora da ordem da força seminal ativa, e ainda assim estão sob a ordem de um princípio superior, a saber, de um corpo celeste, ou, ainda mais alto, da Divina Providência. Por conseguinte, considerando a força seminal ativa, não se poderia pronunciar um julgamento seguro sobre essas monstruosidades, e, no entanto, isso é possível se considerarmos a Providência Divina.

E acontece às vezes que algo precisa ser feito que não esteja coberto pelas regras comuns de ações, por exemplo, no caso do inimigo de um país, quando seria errado devolvê-lo um depósito ou em outros casos semelhantes. Portanto, é necessário julgar tais assuntos de acordo com princípios mais elevados do que as leis comuns, segundo os quais a *synesis* julga. Para esses princípios mais elevados é necessário ter uma maior virtude de julgamento, a que se dá o nome de *gnome* e que denota certa perspicácia no julgamento.

Em relação à primeira objeção, deve-se afirmar que a *synesis* julga corretamente todas as ações que são feitas de acordo com as regras comuns. Mas há certas coisas que devem ser julgadas que ultrapassam essas regras comuns, conforme declarado acima.

Quanto à segunda objeção, deve-se dizer que o julgamento sobre uma coisa deve ser formado a partir dos princípios próprios do assunto, mas a inquirição é feita empregando também princípios comuns. Por conseguinte, a dialética especulativa, que é inquisitiva, procede a partir de princípios comuns, e a dialética demonstrativa, que é judicativa, procede de princípios próprios. Daí que a *eubulia*, que inclui a deliberação, é a mesma para todos, enquanto a *synesis*, cujo ato é judicial, não é. Entretanto, o ato de comandar considera em todos os assuntos o aspecto único do bem, por isso a prudência também é a mesma para todos.

Quanto à terceira objeção, deve-se declarar que pertence somente à Divina Providência o poder de considerar todas as coisas que podem acontecer além do curso normal dos eventos. Todavia, entre os seres humanos, aqueles que são mais perspicazes podem julgar, por meio da razão, um número maior de tais coisas, e isso tem relação com o *gnome*, que denota certa perspicácia no julgamento.

Questão 52

Sobre o dom do conselho

Agora devemos considerar o dom do conselho que corresponde à prudência. Sobre esse assunto, há quatro temas de investigação:

• primeiro, se o conselho deve ser elencado entre os sete dons do Espírito Santo;

• segundo, se o dom do conselho corresponde à virtude da prudência;

• terceiro, se o dom do conselho continuará no céu;

• quarto, se a quinta bem-aventurança, a saber, "bem-aventurados os misericordiosos", corresponde ao dom do conselho.

Artigo 1: O conselho deve ser elencado entre os dons do Espírito Santo?

Parece que o conselho não deveria ser elencado entre os dons do Espírito Santo. Os dons do Espírito Santo são dados como um auxílio para as virtudes, de acordo com Gregório (*Moralia* II, 49). Entretanto, com o objetivo de obter conselhos, o ser humano é suficientemente aperfeiçoado pela virtude da prudência, ou mesmo da *eubulia*, como é evidente pelo que já foi dito (q.47, a.1; p.51, a.1). Portanto, o conselho não deve ser elencado entre os dons do Espírito Santo.

Além disso, a diferença entre os sete dons do Espírito Santo e as graças gratuitas parece ser que estas não são dadas a todos, mas são divididas entre várias pessoas, enquanto os dons do Espírito Santo são dados a todos os que têm o Espírito Santo. Ora, o conselho parece ser uma daquelas coisas que são dadas pelo Espírito Santo de modo especial a certas pessoas, de acordo com 1Mc 2,65: "Aí tendes Simão, vosso irmão... um homem ponderado". Portanto, o conselho deve ser contado entre as graças gratuitas e não entre os sete dons do Espírito Santo.

Ademais, está escrito (Rm 8,14) que todos os que são guiados pelo Espírito de Deus são filhos de Deus. Mas o dom do aconselhamento não é consistente com ser guiado por outrem. Como os dons do Espírito Santo são mais adequados aos filhos de Deus, que receberam o espírito de adoção de filhos, parece que o conselho não deve ser contado entre os dons do Espírito Santo.

Pelo contrário, está escrito em Is 11,2: "O espírito do conselho e da fortaleza repousará sobre ele".

Respondo, como anteriormente afirmado (I-II, q.68, a.1), que os dons do Espírito Santo são disposições pelas quais a alma torna-se receptiva ao movimento do Espírito Santo. Entretanto, Deus move tudo de acordo com o modo da coisa movida; assim, Ele move a criatura corporal através do tempo e do espaço, e a criatura espiritual através do tempo, mas não do espaço, como declara Agostinho (*O sentido literal do Gênesis* VIII, 20,22). Ora, é próprio da criatura racional que seja movida pela pesquisa racional para executar qualquer ação específica, e essa pesquisa é chamada de conselho. Por isso, o Espírito Santo move a criatura racional por meio de conselhos. Portanto, o conselho é elencado entre os dons do Espírito Santo.

Quanto à primeira objeção, deve-se dizer que a prudência ou *eubulia*, adquirida ou infusa, direciona o ser humano na pesquisa do conselho limitando-se ao que a razão é capaz de compreender; portanto, a prudência ou *eubulia* faz com que o ser humano siga um bom conselho, seja para si, seja para outra pessoa. No entanto, visto que a razão humana não pode compreender as coisas singulares e contingentes que venham a ocorrer, o resultado é que "os pensamentos dos mortais são tímidos, e nossos conselhos, incertos" (Sb 9,14). Portanto, na pesquisa de conselhos, a pessoa precisa ser dirigida por Deus, que compreende todas as coisas; e isso é realizado pelo dom do conselho, por meio do qual o ser humano é dirigido como se fosse aconselhado por Deus, assim como, nos assuntos humanos, aqueles que são incapazes de aconselharem a si mesmos procuram os conselhos daqueles que são mais sábios.

Quanto à segunda objeção, deve-se dizer que pode ser devido a uma graça gratuita que uma pessoa tenha um conselho tão bom que aconselhe outros. Mas que alguém seja aconselhado por Deus sobre o que deve fazer nos assuntos necessários para a salvação é comum a todas as pessoas santas.

Sobre a terceira objeção, deve-se afirmar que os filhos de Deus são movidos pelo Espírito Santo a seu modo, sem prejuízo do livre-arbítrio, que é a faculdade da vontade e da razão (*Sentenças de Pedro Lombardo* III, D, 24). Consequentemente, o dom do conselho é atribuído aos filhos de Deus na medida em que sua razão é instruída pelo Espírito Santo sobre o que devem fazer.

Artigo 2: O dom do conselho corresponde à virtude da prudência?

Parece que o dom do conselho não corresponderia adequadamente à virtude da prudência. Pois aquilo que há de mais elevado em uma realidade inferior toca a realidade superior, como observa Dionísio (*Os nomes divinos* VII); assim, por exemplo, o ser humano, em sua dimensão intelectual, atinge a realidade do anjo. Ora, as virtudes cardeais são inferiores aos dons, como declarado acima (I-II, q.68, a.8). Portanto, visto que o conselho é o primeiro e mais baixo ato da prudência, enquanto o comando é seu ato mais elevado – sendo o julgamento seu intermediário –, parece que o dom correspondente à prudência não é o conselho, mas sim o julgamento ou comando.

Além disso, um único dom é suficiente para auxiliar uma única virtude, pois, quanto mais elevada, mais unida é uma realidade, como se comprova no *Livro das causas* (*De causis* 4, 10, 17). Ora, a prudência é auxiliada pelo dom da ciência, que não é apenas especulativa, mas também prática, como demonstrado acima (q.9, a.3). Portanto, o dom do conselho não corresponde à virtude da prudência.

Ademais, é próprio da prudência dirigir diretamente, como indicado antes (q.47, a.8). Mas é tarefa do dom do conselho que o ser humano seja dirigido por Deus, como declarado acima (Artigo 1). Portanto, o dom do conselho não corresponde à virtude da prudência.

Pelo contrário, o dom do conselho tem relação com o que deve ser feito para atingir um fim, e a prudência diz respeito ao mesmo assunto. Logo, conselho e prudência correspondem um ao outro.

Respondo dizendo que um princípio inferior do movimento é auxiliado e aperfeiçoado principalmente por ser movido por um princípio superior do movimento, como quando um corpo é movido por um espírito. Ora, é evidente que a retidão da razão humana está para a Razão Divina como um princípio de movimento inferior comparado a um superior, pois a Razão Eterna é a regra suprema de toda retidão humana. Consequentemente, a prudência, que implica a retidão da razão, é aperfeiçoada e auxiliada ao máximo enquanto é governada e movida pelo Espírito Santo, o que é mister do dom do conselho, como declarado acima (Artigo 1). Por conseguinte, o dom do conselho corresponde à prudência, como auxílio e aperfeiçoamento.

Portanto, em relação à primeira objeção, deve-se dizer que julgar e comandar não é tarefa da coisa movida, mas do motor. Uma vez que, nos dons do Espírito Santo, a posição da mente humana é de algo movido e não de um motor, como declarado acima (Artigo 1; I-II, q.68, a.1), segue-se que seria impróprio chamar o dom correspondente à prudência de comando ou julgamento e não de conselho, já que este último permite entender que a mente aconselhada é movida por outrem que a aconselha.

Quanto à segunda objeção, deve-se afirmar que o dom da ciência não corresponde diretamente à prudência, pois trata de questões especulativas, mas a auxilia por extensão. Já o dom do conselho corresponde diretamente à prudência, tendo o mesmo objeto.

Sobre a terceira objeção, deve-se dizer que um motor movido se move pelo fato de ser movido. Portanto, a mente humana, pelo fato de ser dirigida pelo Espírito Santo, está habilitada a dirigir a si mesma e a outros.

Artigo 3: O dom do conselho continuará a existir no céu?

Parece que o dom do conselho não continuaria a existir no céu. Pois aconselhar diz respeito ao que devemos fazer em benefício de um fim. Mas, no céu, nada será feito em prol de um fim, pois ali os seres humanos já terão atingido seu fim último. Portanto, o dom do conselho não existirá no céu.

Além disso, o conselho implica dúvida, pois é absurdo aconselhar alguém em assuntos que são evidentes, como observa o Filósofo (*Ética* III, 3). Mas toda dúvida cessará no céu. Logo, não há conselho no céu.

Ademais, os santos no céu estão em máxima conformidade com Deus, de acordo com 1Jo 3,2: "Quando Ele aparecer, seremos semelhantes a Ele". Ora, o conselho não convém a Deus, de acordo com Rm 11,34: "Quem foi seu conselheiro?" Por conseguinte, o dom do conselho também não convém aos santos no céu.

Pelo contrário, segundo Gregório (*Moralia* XVII, 12), quando a culpa ou a retidão de cada nação é debatida na corte celestial, diz-se que o guardião da nação venceu ou perdeu a disputa.

Como afirmado anteriormente (Artigo 2; I-II, q.68, a.1), respondo que os dons do Espírito Santo têm como tarefa fazer com que a criatura racional seja movida por Deus. Ora, devemos observar dois pontos relativos ao movimento da mente humana por Deus. Em primeiro lugar, que a disposição daquilo que é movido difere, enquanto está sendo movido, em relação à sua disposição quando está no termo de seu movimento. De fato, se o motor é apenas o princípio do movimento, quando o movimento termina, a ação do motor cessa sua relação com a coisa movida, uma vez que esta já alcançou o termo do movimento, como quando uma casa, depois de construída, cessa de ser construída pelo seu construtor. Por outro lado, quando o motor é a causa não apenas do movimento, mas também da forma para a qual o movimento tende, então a ação do motor não cessa mesmo após a forma ter sido atingida; assim, o sol continua a iluminar o ar mesmo depois que o iluminou. É assim que Deus causa em nós virtude e conhecimento, não apenas quando os adquirimos, mas também enquanto neles perseveramos. E é assim que Deus causa nos bem-aventurados o conhecimento do que deve ser feito, não para eliminar a ignorância, mas para que continue neles o conhecimento das coisas a serem feitas.

No entanto, há coisas que os bem-aventurados, sejam anjos ou seres humanos, não sabem; tais coisas não são essenciais para a bem-aventurança, mas dizem respeito ao governo das coisas de acordo com a Divina Providência. Em relação a isso, devemos fazer uma observação adicional, a saber, que Deus move a mente dos bem-aventurados no céu de uma maneira diferente daquela que move a mente dos que estão de passagem por este mundo. Pois Deus move a mente daqueles que estão passando por este mundo no que diz respeito a questões de ação, acalmando a ansiedade pré-existente da dúvida. Mas, na mente dos bem-aventurados – no tocante às coisas que não sabem –, há uma simples ignorância. De acordo com Dionísio (*As hierarquias celestes* VII), a mente dos anjos é purificada dessa ignorância, pois não há neles indagação acompanhada de dúvida, mas se voltam para Deus simplesmente: isso é consultar a Deus; segundo Agostinho (*O sentido literal do Gênesis* V, 19), os anjos aconselham-se com Deus sobre as coisas que estão abaixo deles; em decorrência disso, a instrução que recebem de Deus em tais assuntos é chamada de conselho. Nesse sentido, o dom do conselho está nos bem-aventurados, na medida em que Deus preserva neles o conhecimento que eles têm e os ilumina em sua ignorância a respeito do que deve ser feito.

Sobre a primeira objeção, deve-se dizer que mesmo nos bem-aventurados há ações dirigidas a um fim, ou resultantes, por assim dizer, da consecução do fim, como as ações de louvar a Deus ou de ajudar os outros a alcançar o mesmo fim que os bem-aventurados alcançaram – por exemplo, os ministérios dos anjos e as orações dos santos. A esse respeito, o dom do conselho encontra lugar neles.

Quanto à segunda objeção, deve-se dizer que assim como as virtudes cardiais não são exatamente as mesmas no céu e no caminho para lá, a dúvida relaciona-se com o conselho no estado atual da vida, mas não com o conselho que existe no céu.

Quanto à terceira objeção, deve-se afirmar que o conselho não está em Deus como recebedor, mas como doador, e os santos no céu estão em conformidade com Deus desse modo, como um recipiente com o líquido que o preenche.

Artigo 4: A quinta bem-aventurança, acerca da misericórdia, corresponde ao dom do conselho?

Parece que a quinta bem-aventurança, acerca da misericórdia, não corresponderia ao dom do conselho. Pois todas as bem-aventuranças são atos de virtude, como afirmado anteriormente (I-II, q.69, a.1). Ora, somos orientados pelo dom do conselho em todos os nossos atos de virtude. Logo, a quinta bem-aventurança não corresponde mais que qualquer outra ao dom do conselho.

Além disso, os preceitos são dados sobre questões necessárias à salvação, mas os conselhos são oferecidos a respeito de questões que não são necessárias à salvação. Ora, a misericórdia é necessária para a salvação, de acordo com Tg 2,13, "julgamento sem misericórdia para aquele que não exerceu misericórdia". Por outro lado, a pobreza não é necessária para a salvação, mas diz respeito ao aperfeiçoamento da vida, segundo Mt 19,21. Portanto, a bem-aventurança da pobreza corresponde mais ao dom do conselho do que à bem-aventurança da misericórdia.

Ademais, os frutos resultam das bem-aventuranças, pois denotam certo prazer espiritual resultante de atos perfeitos de virtude. Mas o dom do conselho não corresponde a nenhum dos frutos, como é evidente em Gl 5,22-23. Portanto, a bem-aventurança da misericórdia não corresponde ao dom do conselho.

Pelo contrário, Agostinho diz (*Sobre o Sermão da Montanha* IV) que o conselho é condizente com os misericordiosos, porque o único remédio para libertar-se de muitos males é perdoar e doar.

Respondo que é próprio do conselho ter relação com coisas úteis para um fim. Por isso, as coisas que são mais úteis para um fim devem, acima de tudo, corresponder ao dom do conselho. Ora, a misericórdia está incluída nessas coisas, de acordo com 1Tm 4,8: "A piedade é proveitosa para todas as coisas". Assim, a bem-aventurança da misericórdia corresponde especialmente ao dom do conselho, não como algo que induz, mas que direciona à misericórdia.

Em relação à primeira objeção, deve-se dizer que, embora o conselho dirija todos os atos da virtude, ele o faz de maneira especial nas obras de misericórdia, pela razão mencionada acima.

Quanto à segunda objeção, deve-se dizer que o conselho, considerado como um dom do Espírito Santo, guia-nos em todos os assuntos que são direcionados ao fim último da vida eterna, sejam eles necessários para a salvação ou não; mesmo assim, nem toda obra de misericórdia é necessária para a salvação.

Quanto à terceira objeção, deve-se dizer que o fruto denota algo definitivo. Ora, em questões práticas, o último não é um conhecimento, mas uma ação, que é seu fim. Portanto, nada relacionado com o conhecimento prático é contado entre os frutos, mas apenas coisas relacionadas com as ações, nas quais o conhecimento prático é o guia. Entre estas, encontramos a bondade e a benignidade, que correspondem à misericórdia.

Questão 53

Sobre a imprudência

Agora devemos considerar os vícios opostos à prudência. Agostinho declara, em *Contra Juliano* (IV, 3), que não existem apenas vícios que se opõem nitidamente a todas as virtudes, como a temeridade opõe-se à prudência, mas também vícios que têm certa semelhança, que não é verdadeira e sim espúria, com a virtude; é assim, por exemplo, que a astúcia opõe-se à prudência. Por conseguinte, devemos considerar antes de tudo os vícios que estão em evidente oposição à prudência, a saber, primeiramente aqueles que se devem a um defeito de prudência ou à falta das coisas necessárias à prudência; em segundo lugar, os vícios que têm uma falsa semelhança com a prudência, ou seja, os que se devem ao abuso das coisas necessárias à prudência (q.55).

E como a solicitude está relacionada com a prudência, a primeira dessas considerações será dupla: em primeiro lugar, examinaremos a imprudência, em seguida, a negligência que se opõe à solicitude (q.54).

Acerca do primeiro assunto, há seis tópicos de investigação:

- em primeiro lugar, se a imprudência seria um pecado;
- em segundo, se seria um pecado especial;
- em terceiro, sobre a precipitação ou temeridade;

- em quarto, sobre a falta de consideração;
- em quinto, sobre a inconstância;
- em sexto, sobre a origem desses vícios.

Artigo 1: A imprudência é um pecado?

Parece que imprudência não seria um pecado. Pois todo pecado é voluntário, de acordo com Agostinho (*Sobre a verdadeira religião* XIV), mas a imprudência não é voluntária, pois ninguém deseja ser imprudente. Portanto, a imprudência não é um pecado.

Além disso, nenhum pecado nasce com o ser humano, a não ser o original. Mas a imprudência está presente no ser humano desde o nascimento, pelo que os jovens são imprudentes. De resto, não é o pecado original que se contrapõe à justiça original. Por conseguinte, a imprudência não é um pecado.

Ademais, todo pecado é removido pelo arrependimento. Mas a imprudência não é removida pelo arrependimento. À vista disso, a imprudência não é um pecado.

Pelo contrário, o tesouro espiritual da graça não é removido a não ser pelo pecado. Entretanto, é removido pela imprudência, de acordo com Pr 21,20: "Há um tesouro desejável, e azeite na habitação do justo; o imprudente, porém, dissipa-lo-á".

Respondo que a imprudência pode ser entendida de duas maneiras: de um lado, como privação, de outro, como o contrário da prudência. Não se pode falar dela, em sentido próprio, como negação, de modo a meramente significar a ausência de prudência, que pode ser sem pecado. De fato, tomada como privação, a imprudência se diz da falta de prudência que uma pessoa poderia e deveria ter; nesse sentido, a imprudência é um pecado decorrente da negligência da pessoa ao não tentar ter prudência.

A imprudência é entendida em sentido contrário à prudência na medida em que o movimento ou o ato da razão opõe-se à prudência. Por exemplo, enquanto a reta razão da prudência procura um conselho, o imprudente, por sua vez, despreza o conselho, e o mesmo acontece em relação a outras condições necessárias ao ato da prudência; desse modo, a imprudência é um pecado contrário ao que é próprio da prudência. De fato, não é possível que uma pessoa aja contra a prudência, exceto violando as regras das quais depende a razão correta da prudência. Por conseguinte, se isso acontece por aversão à Lei Divina, o pecado é mortal, como quando uma pessoa age precipitadamente por desprezo e rejeição do ensinamento divino. Porém, se não age em detrimento das leis divinas, e sem desprezo ou prejuízo para com as coisas necessárias à salvação, o pecado é venial.

Em relação à primeira objeção, deve-se dizer que ninguém deseja a deformidade da imprudência, mas que o temerário deseja o ato da imprudência, porque quer agir precipitadamente. Por isso, o Filósofo diz (*Ética* VI, 5) que aquele que peca voluntariamente contra a prudência é menos aprovado.

Quanto à segunda objeção, deve-se dizer que esse argumento parte do sentido negativo da imprudência. Deve-se observar, no entanto, que a falta de prudência ou de qualquer outra virtude está incluída na carência da justiça original que aperfeiçoava toda a alma. Assim, todas as faltas de virtude desse tipo podem ser atribuídas ao pecado original.

Concernente à terceira objeção, deve-se afirmar que o arrependimento restaura a prudência infundida e, portanto, a falta dessa prudência cessa. Mas a prudência adquirida não é restaurada quanto ao hábito, embora o ato contrário – no qual a imprudência consiste propriamente –, seja retirado.

Artigo 2: A imprudência é um pecado especial?

Parece que a imprudência não seria um pecado especial. Pois quem peca age contra a reta razão, ou seja, contra a prudência. Ora, a imprudência consiste em agir contra a prudência, como declarado acima (Artigo 1). Portanto, a imprudência não é um pecado especial.

Além disso, a prudência tem mais semelhança com a ação moral do que com o conhecimento. Mas a ignorância, que se opõe ao conhecimento, é considerada uma das causas gerais do pecado. Muito mais, portanto, deve-se considerar a imprudência entre essas causas.

Ademais, o pecado consiste na corrupção das circunstâncias da virtude, pelo que Dionísio afirma que o mal resulta dos defeitos singulares (*Sobre os nomes divinos* IV). Ora, muitas coisas são necessárias para a prudência, por exemplo, o raciocínio, a inteligência, a docilidade, e assim por diante, como declarado acima (q.48; q.49). Portanto, existem muitas espécies de imprudência, de modo que não é um pecado especial.

Pelo contrário, a imprudência é o oposto da prudência, como declarado acima (Artigo 1). Ora, a prudência é uma virtude especial. Logo, a imprudência é um vício especial.

Respondo que um vício ou pecado pode ser dito geral de dois modos: primeiramente, de modo absoluto, porque, a saber, é geral em relação a todos os pecados; de um segundo modo, um pecado pode ser denominado geral em relação a certos vícios, que são suas espécies. De acordo com o primeiro modo, pode-se dizer que um pecado é geral por duas razões: primeiramente, por essência, porque é predicado de todos os pecados – nesse sentido, a imprudência não é um pecado geral, assim como a prudência não é uma virtude geral, uma vez que está relacionada com atos especiais, nomeadamente aos próprios atos da razão. Em segundo lugar, um pecado é geral por participação – nesse sentido, a imprudência é um pecado geral, pois, assim como todas as virtudes têm uma parte de prudência, na medida em que esta as orienta, também todos os vícios e pecados têm uma parte de imprudência, porque nenhum pecado pode ocorrer sem um defeito em algum ato da razão diretiva, o que pertence à imprudência.

Se, por outro lado, um pecado é chamado geral não em sentido simples, mas em algum gênero particular, ou seja, como contendo várias espécies de pecado, a imprudência é um pecado geral. Pois contém várias espécies, de três maneiras: primeiramente, por oposição às várias partes subjetivas da prudência, porque assim como distinguimos a prudência que guia o indivíduo de outros tipos que se relacionam com o governo de comunidades – como declarado acima (q.48; q.50, a.7) –, também distinguimos vários tipos de imprudência. Em segundo lugar, no que diz respeito às partes quase potenciais da prudência, que são as virtudes ligadas a ela, e correspondem aos vários atos da razão. Nesse sentido, em relação ao defeito do conselho, ao qual se liga a *eubulia*, a precipitação ou temeridade é uma espécie de imprudência; no tocante ao defeito do julgamento, que se relaciona com a *synesis* e o *gnome*, se refere à falta de consideração; já a inconstância e negligência correspondem ao comando, que é o ato próprio da prudência. Em terceiro lugar, podem ser consideradas as coisas que se opõem àquelas que são necessárias à prudência, que são como que partes integrais da prudência. No entanto, visto que todas as coisas necessárias à prudência vão no sentido dos três atos de razão acima mencionados, segue-se que todos os defeitos opostos são redutíveis às quatro partes mencionadas acima. Por isso, a falta de cautela e a incircunspecção estão incluídas na falta de consideração, a falta de docilidade, memória ou razão fazem parte da precipitação, e a imprudência, a falta de inteligência e a astúcia resumem-se à negligência e inconstância.

No tocante à primeira objeção, deve-se dizer que esse argumento diz respeito à generalidade por participação.

Quanto à segunda objeção, deve-se afirmar que, de acordo com suas respectivas naturezas próprias, o conhecimento é mais afastado da moralidade do que a prudência. Segue-se que a ignorância não tem a natureza do pecado moral por si só, mas por uma negligência anterior ou pelo consequente resultado, e por essa razão é considerada uma das causas gerais do pecado. Por outro lado, a imprudência, por sua própria natureza, denota um vício moral, e por esse motivo pode ser mais acertadamente entendida como um pecado especial.

Em relação à terceira objeção, deve-se declarar que quando várias circunstâncias são corrompidas pelo mesmo motivo, a espécie de pecado não é multiplicada. Assim, é a mesma espécie de pecado que alguém pegue algo que não é seu, seja onde seja quando não deve. Se, no entanto, existem vários motivos, existem várias espécies; por exemplo, se alguém pegasse uma coisa de onde não deveria tendo em vista desonrar um lugar sagrado, sua ação se constituiria na espécie de pecado que chamamos de sacrilégio, mas se fizesse a mesma coisa quando não deveria, tendo em vista nada mais que a luxúria da posse, seria um caso de simples avareza. Portanto, a falta daquilo que é necessário para a prudência não constitui uma diversidade de espécies, exceto na medida em que se relaciona com os diferentes atos da razão, como afirmado acima.

Artigo 3: A precipitação é um pecado de imprudência?

Parece que a precipitação não seria um pecado de imprudência. Pois a imprudência é oposta à virtude da prudência. Mas a precipitação é contrária ao dom do conselho, segundo Gregório, que diz que o dom do conselho é dado como remédio para a precipitação (*Moralia* II, 49). Por conseguinte, a precipitação não é um pecado que faz parte da imprudência.

Além disso, a precipitação parece pertencer à temeridade. Ora, a temeridade implica presunção, que pertence à soberba. Portanto, a precipitação não é um vício incluído na imprudência.

Ademais, a precipitação parece denotar pressa excessiva. Ora, na deliberação, o pecado acontece não apenas pela pressa, mas também pela lentidão, de modo que a oportunidade de uma boa ação passa; e também acontece pela corrupção de outras circunstâncias, como afirmado na *Ética* (VI, 9). Portanto, não há razão para elencar a precipitação entre os pecados que se incluem na imprudência, assim como não há motivo para elencar a lentidão ou qualquer outra coisa referente a conselhos desordenados.

Pelo contrário, está escrito nos Pr 4,19: "O caminho dos ímpios é sombrio; eles não sabem onde caem". Ora, os caminhos sombrios da impiedade pertencem à imprudência. Portanto, a imprudência leva o ser humano a cair ou a ser precipitado.

Respondo que a precipitação é atribuída metaforicamente aos atos da alma por meio da semelhança com o movimento corporal. Assim, diz-se que uma coisa é precipitada em relação ao movimento corporal quando é derrubada de cima pelo impulso, seja de seu próprio movimento ou de outrem, e não de maneira ordenada e gradativa. Ora, o cume da alma é a própria razão, e a base é alcançada na ação realizada pelo corpo, enquanto os degraus intermediários pelos quais devemos descer de maneira ordenada são a memória do passado, a inteligência do presente, a sagacidade ao considerar o resultado futuro, o raciocínio que compara uma coisa com a outra, a docilidade em aceitar as opiniões daqueles que sabem mais do que nós. Quem delibera, desce esses degraus na devida ordem. Porém, se alguém é levado pelo impulso de sua vontade ou paixão e apressadamente salta esses degraus, será um caso de precipitação. Portanto, como os conselhos desordenados pertencem à imprudência, é evidente que o vício da precipitação está contido na imprudência.

Em relação à primeira objeção, deve-se dizer que a retidão da deliberação pertence ao dom do bom conselho e à virtude da prudência, embora de maneiras diferentes, como indicado acima (q.52, a.2), portanto, a precipitação é contrária a ambos.

No tocante à segunda objeção, deve-se dizer que as coisas são feitas de modo temerário quando não são direcionadas pela razão, e isso pode acontecer de duas maneiras: a primeira, por um impulso da vontade ou paixão; a segunda, por um desprezo à regra dirigente, que é a temeridade propriamente dita. Daí que a temeridade parece proceder da raiz de um orgulho que se recusa a estar submetido à decisão de outra pessoa. A precipitação, no entanto, refere-se a ambas; de modo que a temeridade faz parte da precipitação, embora a precipitação refira-se mais ao impulso da vontade ou paixão.

Quanto à terceira objeção, deve-se afirmar que muitas coisas precisam ser consideradas na pesquisa da razão; por este motivo, o Filósofo declara que é mister deliberar com vagar (*Ética* VI, 9). Portanto, a precipitação opõe-se mais diretamente à retidão do conselho do que à lentidão no deliberar, pois esta última tem certa semelhança com o reto conselho.

Artigo 4: A falta de consideração é um pecado especial de imprudência?

Parece que a falta de consideração não seria um pecado especial de imprudência. Pois a lei divina não nos incita a nenhum pecado, e segundo o Sl 18,8: "A lei do Senhor é perfeita". Ainda assim, ela nos estimula a ser despreocupados: "Não pensem em como ou o que irão falar" (Mt 10,19). Portanto, a falta de consideração não é um pecado.

Além disso, quem quer que delibere ou se aconselhe precisa levar em consideração muitas coisas. Ora, a precipitação é devido a um defeito de deliberação e, portanto, a um defeito de consideração. Por esse motivo, a precipitação está contida na falta de consideração. Logo, a falta de consideração não é um pecado especial.

Ademais, a prudência consiste em atos da razão prática, a saber, no conselho, no julgamento sobre o que foi aconselhado e no comando (q.47, a.8). Ora, a consideração precede todos esses atos, uma vez que pertence também ao intelecto especulativo. Portanto, a falta de consideração não é um pecado especial contido na imprudência.

Pelo contrário, está escrito em Pr 4,25: "Que teus olhos olhem sempre para frente, e teu olhar siga reto para diante!" Ora, isso diz respeito à prudência, enquanto seu oposto é produzido por falta de consideração. Portanto, a falta de consideração é um pecado especial contido na imprudência.

Respondo que a consideração é o ato do intelecto enquanto considera a verdade de alguma coisa. Ora, assim como o indagar pertence à razão, o julgamento pertence ao intelecto. Portanto, em questões especulativas, diz-se que uma ciência demonstrativa exerce julgamento na medida em que julga a verdade dos resultados da pesquisa rastreando-os de volta aos primeiros princípios indemonstráveis. Portanto, a consideração refere-se principalmente ao julgamento; consequentemente, a ausência de um julgamento correto pertence ao vício da falta de consideração, a saber, quando alguém falha em julgar corretamente por desprezo ou negligência daquelas coisas das quais depende um reto julgamento. Portanto, é evidente que a falta de consideração é um pecado.

Sobre a primeira objeção, deve-se afirmar que Nosso Senhor não nos proibiu de pensar sobre o que devemos fazer ou dizer quando temos oportunidade: nas palavras citadas, encoraja seus discípulos a confiar somente na orientação de Deus quando não tiverem essa oportunidade, seja por falta de conhecimento seja por uma convocação imprevista, porque, nesse caso, "como não sabemos o que fazer, podemos apenas voltar nossos olhos para Deus" (2Cr 20,12); do contrário, se a pessoa, em vez de fazer o que pode, contenta-se em aguardar a ajuda divina, parece estar tentando a Deus.

Quanto à segunda objeção, deve-se afirmar que toda consideração sobre as coisas das quais o conselho toma conhecimento é direcionada à formação de um julgamento correto, e, desse modo, essa consideração é aperfeiçoada no julgamento. Por conseguinte, a falta de consideração opõe-se, acima de tudo, à retidão do julgamento.

No que tange à terceira objeção, deve-se afirmar que a falta de consideração precisa ser entendida aqui em relação a uma determinada questão, a saber, a das ações humanas, nas quais mais coisas devem ser consideradas para fins de julgamento correto do que em questões especulativas, já que as ações se produzem em coisas singulares.

Artigo 5: A inconstância é um vício da prudência?

Parece que a inconstância não seria um vício da imprudência. Pois a inconstância consiste aparentemente em uma falta de perseverança em situações difíceis. Mas a perseverança em assuntos difíceis pertence à fortaleza. Portanto, a inconstância é mais oposta à fortaleza do que à prudência.

Além disso, está escrito em Tg 3,16: "Onde o ciúme e a disputa existem, há inconstância e toda obra má". Mas o ciúme diz respeito à inveja. Logo, a inconstância não se refere à imprudência, mas à inveja.

Ademais, uma pessoa parece ser inconstante quando falha em perseverar naquilo que se propôs a fazer. Ora, essa atitude se caracteriza pela incontinência em assuntos prazerosos, e por inércia ou fraqueza em assuntos desagradáveis, segundo a *Ética* (VII, 1). Portanto, a inconstância não se refere à imprudência.

Pelo contrário, é prudente preferir o bem maior ao menor. Logo, abandonar o bem maior é típico da imprudência, e a inconstância consiste justamente nisso. Portanto, a inconstância pertence à imprudência.

Respondo que a inconstância denota a retirada de um bom propósito definido. Ora, a origem dessa retirada está no apetite, pois uma pessoa não desiste de um objetivo bom, que tinha anteriormente, exceto devido a algo que lhe seja excessivamente agradável, e essa desistência não é consumada, exceto por um defeito da razão, que é enganada ao rejeitar o que antes aceitara corretamente. Como essa pessoa tinha condições de resistir ao impulso das paixões, falhou-se em fazê-lo foi devido à sua própria fraqueza em não cumprir o bom propósito concebido e, por isso, a inconstância quanto à sua conclusão deve-se a um defeito da razão. Ora, assim como toda retidão da razão prática pertence, em certo grau, à prudência, toda falta dessa retidão faz parte da imprudência. Por essa razão, a inconstância, quanto à sua conclusão, pertence à imprudência. E assim como a precipitação deve-se a um defeito no ato da deliberação e a falta de consideração a um defeito no ato do julgamento, a inconstância surge de um defeito no ato do comando. Pois uma pessoa é declarada inconstante porque sua razão falha ao ordenar o que foi aconselhado e julgado.

Sobre a primeira objeção, deve-se dizer que o bem da prudência é compartilhado por todas as virtudes morais. Nesse sentido, a perseverança no bem pertence a todas as virtudes morais, mas principalmente à fortaleza, que sofre um impulso contrário maior.

Com respeito à segunda objeção, deve-se afirmar que a inveja e a ira, fonte da discórdia, causam inconstância por parte do poder apetitivo, origem da inconstância, como afirmado acima.

Quanto à terceira objeção, deve-se declarar que a continência e a perseverança não parecem estar no poder apetitivo, mas somente na razão. De fato, a pessoa continente sofre com as más concupiscências e a pessoa perseverante com pesadas tristezas, o que indica um defeito no poder apetitivo, mas a razão permanece firme contra a concupiscência no continente e contra a tristeza no perseverante. Portanto, a continência e a perseverança parecem ser espécies de constância pertencentes à razão, a que pertence também a inconstância.

Artigo 6: Os vícios acima mencionados originam-se da luxúria?

Parece que os vícios acima mencionados não se originariam da luxúria. Pois a inconstância decorre da inveja, como declarado acima (Artigo 5), e a inveja é um vício diferente da luxúria. Por consequência, os vícios acima mencionados não se originam da luxúria.

Além disso, está escrito em Tg 1,8 que a pessoa obstinada "é incoerente e inconstante em todos os seus caminhos". Ora, a duplicidade não parece pertencer à luxúria, mas à falsidade, que é filha da cobiça, de acordo com Gregório (*Moralia* XXXI, 45). Portanto, os vícios acima mencionados não se originam da luxúria.

Ademais, os vícios acima mencionados estão relacionados com algum defeito da razão. Ora, os vícios espirituais têm mais afinidade com a razão do que os vícios carnais. Portanto, os vícios mencionados acima originam-se de vícios espirituais e não de vícios carnais.

Pelo contrário, Gregório declara (*Moralia* XXXI, 45) que os vícios acima mencionados surgem da luxúria.

Respondo, como afirma o Filósofo (*Ética* VI, 5), que o prazer, mais que tudo, corrompe a estimativa da prudência, principalmente o deleite sexual, que absorve a mente e a atrai para o prazer sensível. Ora, a perfeição da prudência e de toda virtude intelectual consiste na abstração de objetos sensíveis. Portanto, como os vícios acima mencionados envolvem um defeito de prudência e de razão prática, conforme declarado acima (Artigos 2 e 5), segue-se que eles surgem principalmente da luxúria.

Quanto à primeira objeção, deve-se dizer que a inveja e a raiva causam inconstância alterando o foco de atenção da razão, enquanto a luxúria causa inconstância destruindo o julgamento da razão. Por isso, o Filósofo afirma que a pessoa incontinente pela raiva, ainda que imperfeitamente, ouve a razão, mas aquela que é incontinente por luxúria completamente não a ouve (*Ética* VII, 6).

Quanto à segunda objeção, deve-se dizer que a duplicidade também é algo resultante da luxúria, assim como a inconstância, se por duplicidade entendermos a flutuação da mente de uma coisa para outra. Por essa razão, Terêncio declara, no *Eunuco* (Ato 1, Cena 1), que no amor se encontram alternadamente a guerra, a paz e a trégua.

Sobre a terceira objeção, deve-se afirmar que, quanto mais os vícios carnais destroem o julgamento da razão, mais nos afastam da razão.

Questão 54

Sobre a negligência

Devemos agora considerar a negligência, acerca da qual há três tópicos de investigação:

- primeiro, se a negligência é um pecado especial;
- segundo, a que virtude é contrária;
- terceiro, se é um pecado mortal.

Artigo 1: A negligência é um pecado especial?

Parece que a negligência não seria um pecado especial. Pois a negligência opõe-se à diligência. Ora, a diligência é necessária em todas as virtudes. Logo, a negligência não é um pecado especial.

Ademais, o que é comum a todo pecado não é pecado especial. Ora, a negligência é comum a todo pecado, porque quem peca negligencia aquilo que o retiraria do pecado, e quem persevera no pecado negligencia estar arrependido. Portanto, a negligência não é um pecado especial.

Além disso, todo pecado especial diz respeito a um assunto determinado. Mas a negligência parece não ter matéria determinada, uma vez que não tem por objeto ações más ou indiferentes, pois ninguém é acusado de negligência ao deixar de praticá-las. Igualmente não diz respeito a coisas boas, porque, se são feitas com negligência, deixam de ser boas. Por conseguinte, parece que a negligência não é um vício especial.

Pelo contrário, os pecados cometidos por negligência distinguem-se daqueles cometidos por desprezo.

Respondo que a negligência denota a falta da devida solicitude. Ora, toda falta de um ato devido é pecaminosa. Por isso, é evidente que a negligência é um pecado e que ela necessariamente tem o caráter de um pecado especial, assim como a solicitude é um ato especial de virtude. Pois alguns pecados são especiais porque dizem respeito a assuntos especiais, como a luxúria, que se refere a assuntos sexuais, enquanto outros vícios são especiais porque a especialidade do ato se estende a todos os tipos de assunto. Estes últimos são todos os vícios que afetam um ato da razão, já que todo ato da razão se estende a qualquer tipo de questão moral. Assim, como a solicitude é um ato da razão especial, conforme declarado acima (q.47, a.9), segue-se que a negligência, que denota falta de solicitude, é um pecado especial.

Sobre a primeira objeção, deve-se afirmar que a diligência parece ser igual à solicitude, porque quanto mais amamos uma coisa, mais solícitos somos. Portanto, a diligência, não menos que a solicitude, é necessária para toda virtude, na medida em que os devidos atos da razão sejam necessários para toda virtude.

Quanto à segunda objeção, deve-se dizer que em qualquer pecado deve haver um defeito que afeta um ato da razão, por exemplo, um defeito no conselho ou algo semelhante. Nesse sentido, a precipitação é um pecado especial por causa de um ato especial da razão que é omitido, a saber, a deliberação, embora semelhante omissão possa ser encontrada em qualquer tipo de pecado. Por isso, a negligência é um pecado especial devido à falta de um ato especial da razão, a solicitude, embora seja encontrada mais ou menos em todos os pecados.

No que tange à terceira objeção, deve-se afirmar que a matéria própria da negligência são as coisas boas que alguém deve fazer, não porque sejam boas quando realizadas de modo negligente, mas porque, por negligência, sua bondade é prejudicada, seja por haver omissão total do ato devido em razão da falta de solicitude, seja pela ausência de alguma circunstância obrigatória.

Artigo 2: A negligência opõe-se à prudência?

Parece que a negligência não se oporia à prudência. Pois a negligência parece ser idêntica à preguiça ou ao torpor característico da acídia, segundo Gregório (*Moralia* XXXI, 45). Ora, a acídia não se opõe à prudência, mas à caridade, como afirmado acima (q.35, a.3). Portanto, a negligência não se opõe à prudência.

Além disso, todo pecado de omissão parece ser devido à negligência. No entanto, os pecados de omissão não se opõem à prudência, senão às virtudes morais executivas. Por conseguinte, a negligência não se opõe à prudência.

Ademais, a imprudência está relacionada com algum ato da razão. Porém, a negligência não implica a deficiência de conselho, em que há o defeito da precipitação, nem a falha de julgamento, em que há falta de deliberação, nem o defeito de comando, em que ocorre a irregularidade da inconstância. Portanto, a negligência não faz parte da imprudência.

Ademais, está escrito em Ecl 7,19 que aquele temeroso a Deus nada negligencia. Ora, todo pecado é excluído principalmente pela virtude contrária. Logo, a negligência opõe-se ao temor e não à prudência.

Pelo contrário, está escrito em Eclo 20,7: "o loquaz e o insensato deixam passar a ocasião". Ora, isso é devido à negligência. Portanto, a negligência opõe-se à prudência.

Respondo que a negligência é diretamente contrária à solicitude. Entretanto, a solicitude pertence à razão e a retidão de solicitude à prudência. Disso decorre, por oposição, que a negligência está relacionada com a imprudência. Isso é aparente no próprio nome, pois, como observa Isidoro (*Etimologias* X), negligente soa como "não elegível" [*nec eligens*], e a escolha correta dos meios pertence à prudência. Portanto, a negligência faz parte da imprudência.

No que tange à primeira objeção, deve-se afirmar que a negligência é um defeito no ato interno, ao qual a escolha também pertence, enquanto a preguiça e o torpor denotam lentidão na execução. No entanto, a preguiça está relacionada com o atraso na execução, enquanto o torpor denota a lentidão na própria execução. Assim, é normal que o torpor surja da acídia, que é uma tristeza opressora, isto é, dificultadora da ação da mente (cf. q.35, a.1; I-II, q.35, a.8).

Quanto à segunda objeção, deve-se dizer que a omissão diz respeito ao ato externo, pois consiste em não realizar um ato que é devido. Por esse motivo, opõe-se à justiça, e, assim, é um efeito da negligência, do mesmo modo que a execução de uma ação justa é um efeito da reta razão.

Em relação à terceira objeção, deve-se afirmar que a negligência está relacionada com o ato do comando, de que também faz parte a solicitude. Contudo, uma pessoa negligente falha em relação a esse ato de modo diferente da inconstante, pois a inconstante falha em comandar quando é impedida por alguma coisa, enquanto a negligente falha por falta de uma vontade imediata.

A respeito da quarta objeção, deve-se dizer que o temor de Deus nos ajuda a evitar todos os pecados, pois, de acordo com Provérbios, pelo temor do Senhor, todos desviam-se do mal. Portanto, o temor nos faz evitar a negligência. Não que a negligência oponha-se diretamente ao temor, mas o temor nos incita aos atos da razão. Por esse motivo, também afirmamos acima (I-II, q.44, a.2), quando tratávamos das paixões, que o temor faz com que as pessoas procurem se aconselhar.

Artigo 3: A negligência pode ser um pecado mortal?

Parece que a negligência não poderia ser um pecado mortal. Pois, ao comentar "temia minhas obras" (Jó 9,28), Gregório declara que pouco amor a Deus aumenta a negligência (*Moralia* IX, 34). Porém, onde quer que haja pecado mortal, o amor de Deus é completamente eliminado. Logo, a negligência não é um pecado mortal.

Além disso, uma glosa desta passagem do Eclesiástico: "das tuas negligências te purificas com pouco", diz: "embora a oferta seja pequena, limpa as negligências de muitos pecados". Isso não aconteceria se a negligência fosse um pecado mortal. Portanto, a negligência não é um pecado mortal.

Ademais, segundo a lei, certos sacrifícios eram prescritos pelos pecados mortais, como aparece no Levítico. No entanto, nenhum sacrifício foi prescrito para a negligência. Portanto, a negligência não é um pecado mortal.

Pelo contrário, está escrito em Pr 19,16: "Quem é negligente com sua própria vida morrerá".

Respondo, como dito acima (Artigo 2), que a negligência surge de um relaxamento da vontade, que resulta em uma falta de solicitude por parte da razão em ordenar o que deveria ou do modo como deveria. Por conseguinte, a negligência pode ser um pecado mortal de duas maneiras. Em primeiro lugar, naquilo que é omitido por negligência – caso seja um ato ou uma circunstância necessária para a salvação, será um pecado mortal. Em segundo lugar, no que diz respeito à causa: de fato, se as coisas divinas são tão negligenciadas a ponto de nos afastarem completamente da caridade de Deus, tal negligência é um pecado mortal, e ocorre principalmente quando a negligência é devida ao desprezo.

No entanto, se a negligência consiste na omissão de um ato ou circunstância que não é necessária para a salvação, não é um pecado mortal, mas venial, desde que a negligência surja, não por desprezo, mas por alguma falta de fervor provocada por um obstáculo ocasional que se deriva de um pecado venial.

À primeira objeção, portanto, deve-se dizer que o amor de Deus pode ser menor de duas maneiras. Em primeiro lugar, pela falta do fervor da caridade, que provoca uma negligência que é um pecado venial; em segundo lugar, pela falta da própria caridade, e, nesse caso, dizemos que o amor de Deus é menor quando alguém o ama de modo meramente natural, e então é provocada uma negligência que é um pecado mortal.

Quanto à segunda objeção, deve-se afirmar que, de acordo com a mesma autoridade, uma pequena oferta, feita com humildade e puro amor, purifica o ser humano não apenas do pecado venial, mas também do mortal.

Sobre a terceira objeção, deve-se dizer que a negligência, quando consiste na omissão daquilo que é necessário para a salvação, passa para o outro gênero de pecado, mais evidente. De fato, os pecados que consistem em ações interiores são mais ocultos, e por esse motivo nenhum sacrifício especial lhes foi prescrito na Lei, já que a oferta de sacrifícios era uma espécie de confissão pública do pecado, enquanto os pecados ocultos não deveriam ser confessados em público.

Questão 55

Sobre vícios opostos à prudência e que a ela se assemelham

Devemos agora considerar os vícios opostos à prudência e que a ela se assemelham. Sobre esse assunto, há oito temas de investigação:

- primeiro, se a prudência da carne é um pecado;
- segundo, se é um pecado mortal;
- terceiro, se a astúcia é um pecado especial;
- o quarto tema é uma discussão sobre o dolo;
- no quinto, discute-se a fraude;
- no sexto, considera-se a solicitude concernente às coisas temporais;
- o sétimo diz respeito à preocupação sobre o futuro;
- no oitavo, pesquisa-se a origem desses vícios.

Artigo 1: A prudência da carne é um pecado?

Parece que a prudência da carne não seria um pecado. Pois a prudência é mais excelente que as outras virtudes morais, uma vez que a todas guia. Ora, nenhuma justiça ou temperança é pecaminosa. Portanto, nenhuma prudência é um pecado.

Além disso, agir com prudência para atingir um fim que é amado licitamente não é pecado. De fato, é lícito amar a carne, "porque ninguém jamais odiou sua própria carne" (Ef 5,29). Portanto, a prudência da carne não é um pecado.

Ademais, assim como o ser humano é tentado pela carne, também é tentado pelo mundo e pelo diabo. Mas nenhuma prudência do mundo ou do diabo é considerada pecado. Portanto, nenhuma prudência da carne deve ser contada entre os pecados.

Pelo contrário, ninguém é inimigo de Deus, exceto pela maldade, de acordo com Sb 14,9: "São igualmente odiosos para Deus o ímpio e o objeto de sua impiedade". Ora, está escrito em Rm 8,7: "A prudência da carne é inimiga de Deus". Portanto, a prudência da carne é um pecado.

Respondo, como anteriormente dito (q.47, a.13), a prudência diz respeito às coisas que são direcionadas ao fim da vida como um todo. Portanto, diz-se prudência da carne de modo próprio da prudência de alguém que considera os bens carnais como a finalidade da vida. É evidente que isso é um pecado, porque desvia o ser humano de seu fim último, que não consiste nos bens do corpo, como declarado acima (I-II, q.2, a.5). Portanto, a prudência da carne é um pecado.

Quanto à primeira objeção, deve-se afirmar que a justiça e a temperança incluem em sua própria natureza aquilo que as classifica entre as virtudes, a saber, a equidade e a coibição da concupiscência, portanto, elas nunca são entendidas em mau sentido. Por outro lado, o termo "prudência" é derivado de "prover", como dito anteriormente (q.47, a.1; q.49, a.6), o que também pode ser estendido às coisas más. Portanto, embora a prudência seja entendida de modo simples no bom sentido, ainda assim, se algo for acrescentado, pode ser entendida em mau sentido, e é assim que se diz que a prudência da carne é um pecado.

No que tange à segunda objeção, deve-se afirmar que a carne está para a alma como a matéria está para a forma e o instrumento para o agente principal. Por conseguinte, a carne é legitimamente amada se for direcionada para o bem da alma como seu fim. Se, no entanto, uma pessoa coloca seu fim último em um bem da carne, seu amor será desordenado e ilícito, e é assim que a prudência da carne é direcionada para o amor da carne.

À terceira objeção, deve-se dizer que o diabo não nos tenta por meio do objeto do apetite, mas por sugestão. Portanto, uma vez que a prudência implica uma direção a um fim apetecível, não falamos em prudência do diabo, mas em uma prudência direcionada a algum fim maligno, que é o modo como o mundo e a carne nos tentam quando apresentam ao nosso apetite bens mundanos ou carnais. Por isso, fala-se em prudência da carne e também prudência do mundo, como, por exemplo, em Lc 16,8: "os filhos deste mundo são mais prudentes no trato de sua gente". E o Apóstolo inclui todas as coisas na "prudência da carne", porque cobiçamos as coisas externas do mundo por conta da carne.

Também podemos responder que, uma vez que a prudência é, em certo sentido, chamada de "sabedoria", como afirmado acima (q.47, a.2), pode-se distinguir uma prudência tríplice correspondente aos três tipos de tentação. Por isso, está escrito em Tg 3,15 que existe uma sabedoria "terrena, carnal e diabólica", como explicado acima (q.45, a.1) quando tratávamos da sabedoria.

Artigo 2: A prudência da carne é um pecado mortal?

Parece que a prudência da carne seja um pecado mortal. Pois é pecado mortal rebelar-se contra a lei divina, já que implica desprezar a Deus. Ora, "a prudência da carne [...] não está sujeita à lei de Deus" (Rm 8,7). Portanto, a prudência da carne é um pecado mortal.

Além disso, todo pecado contra o Espírito Santo é um pecado mortal. Ora, a prudência da carne parece ser um pecado contra o Espírito Santo, porque "não se sujeita nem pode sujeitar-se à lei de Deus" (Rm 8,7), e, portanto, parece ser um pecado imperdoável, que é próprio do pecado contra o Espírito Santo. Portanto, a prudência da carne é um pecado mortal.

Ademais, o maior mal opõe-se ao maior bem, conforme declarado na *Ética* (VIII, 10). Ora, a prudência da carne opõe-se à prudência, que é a principal das virtudes morais. Portanto, a prudência da carne é o principal entre os pecados mortais, de modo que ela é um pecado mortal.

De resto, o maior mal opõe-se ao maior bem, conforme declarado na *Ética* (VIII, 10). Ora, a prudência da carne opõe-se à prudência, que é a principal das virtudes morais. Portanto, a prudência da carne é o principal entre os pecados mortais, de modo que ela é um pecado mortal.

Respondo, como afirmado anteriormente (q.47, a.2; a.13), que se diz que uma pessoa é prudente de duas maneiras. Em primeiro lugar, de modo simples, isto é, em relação ao fim da vida como um todo. Em segundo lugar, de modo relativo, isto é, em relação a algum fim particular. Assim, diz-se que uma pessoa é prudente nos negócios ou em algo parecido. Por conseguinte, se a prudência da carne é considerada correspondente à prudência em sua significação absoluta, de modo que uma pessoa coloca o fim de sua vida inteira sob os cuidados da carne, é um pecado mortal, porque, desse modo, se afasta de Deus, já que é impossível ter vários fins últimos, como anteriormente indicado (I-II, q.1, a.5).

Se, por outro lado, a prudência da carne é tomada como correspondendo a uma prudência particular, é um pecado venial. Pois, às vezes, acontece que uma pessoa tem uma afeição desordenada por algum prazer da carne, sem se afastar de Deus por um pecado mortal; nesse caso, ela não coloca o fim de toda a sua vida em um prazer carnal; dedicar-se a obter esse prazer é um pecado venial e pertence à prudência da carne. Mas se alguém direciona os cuidados com a carne para um fim honesto, como quando alguém toma cuidado com a comida para o sustento do corpo, já não se trata de prudência da carne, porque, então, usam-se os cuidados com a carne como meios para um fim.

Quanto à primeira objeção, deve-se dizer que o Apóstolo está falando daquela prudência carnal pela qual se coloca o fim de toda a sua vida nos bens da carne, e isso é um pecado mortal.

No que tange à segunda objeção, deve-se afirmar que a prudência da carne não implica um pecado contra o Espírito Santo. Pois quando é dito que "não se sujeita nem pode sujeitar-se à lei de Deus" (Rm 8,7), não significa que aquele que tenha prudência carnal não possa ser convertido e submetido à lei de Deus, mas que é a prudência carnal em si que não pode estar sujeita à lei de Deus, assim como a injustiça não pode ser justa, nem o calor ser frio, embora o que é quente possa tornar-se frio.

À terceira objeção, deve-se dizer que todo pecado é contrário à prudência, assim como a prudência é compartilhada por toda virtude. Mas não se segue que todo pecado que se opõe à prudência seja o mais grave, mas somente quando se opõe à prudência em algum assunto muito grave.

Artigo 3: A astúcia é um pecado especial?

Parece que a astúcia não seria um pecado especial. Pois as palavras das Escrituras Sagradas não induzem ninguém a pecar e, no entanto, elas nos induzem à astúcia, de acordo com Pr 1,4: "para ensinar sagacidade aos ingênuos". Portanto, a astúcia não é um pecado.

Além disso, de acordo com Pr 13,16, "a pessoa inteligente faz tudo com conhecimento". Ou ela o faz para um fim bom ou mau. Se para um bom fim, aparentemente, não há pecado; se para um mau, sua atitude parece pertencer à prudência carnal ou mundana. Portanto, a astúcia não é um pecado especial distinto da prudência da carne.

Ademais, Gregório, ao explicar estas palavras de Jó 12: "a simplicidade do homem justo é ridicularizada", declara que a sabedoria deste mundo é disfarçar os pensamentos por artifício, esconder o sentido com palavras, representar o erro como verdade, demonstrar que as coisas verdadeiras são falsas (*Moralia* X, 29), e mais adiante ele acrescenta que essa prudência é adquirida pelos jovens, e é aprendida pelas crianças por um preço. Ora, as coisas acima parecem ter relação com a astúcia. Portanto, a astúcia não é distinta da prudência carnal ou mundana e, consequentemente, parece não ser um pecado especial.

Pelo contrário, o Apóstolo diz: "Renunciamos às coisas ocultas da desonestidade, não caminhando com astúcia nem adulterando a palavra de Deus" (2Cor 4,2). Portanto, a astúcia é um pecado.

Respondo que a prudência é a reta razão das ações a cumprir, assim como a ciência é a reta razão das coisas a conhecer. Em questões especulativas, pode-se pecar contra a retidão do conhecimento de duas maneiras: a primeira é quando a razão é levada a uma conclusão falsa que parece ser verdadeira; a segunda é quando a razão procede de premissas falsas que parecem verdadeiras, seja para uma conclusão verdadeira ou falsa. Também um pecado pode ser contra a prudência por ter alguma semelhança com ela de duas maneiras: a primeira é quando a atenção da razão é direcionada para um fim que na verdade não é bom, mas somente na aparência, e isso diz respeito à prudência da carne; a segunda é quando, para obter certo fim, seja bom ou mau, uma pessoa usa meios que não são verdadeiros, mas fictícios e falsificados, e isso pertence ao pecado da astúcia. Consequentemente, a astúcia é um pecado contrário à prudência e distinto da prudência da carne.

Quanto à primeira objeção, como Agostinho observa (*Contra Juliano* IV, 3), deve-se dizer que assim como a prudência às vezes é entendida abusivamente no mau sentido, a astúcia por vezes é entendida no bom sentido, e isso devido à semelhança entre as duas. Em sentido próprio, contudo, a astúcia é entendida de modo ruim, como afirma o Filósofo na *Ética* (VI, 12).

Sobre a segunda objeção, deve-se dizer que a astúcia pode levar a deliberações direcionadas tanto a um fim bom quanto a um maligno, mas não se deve chegar a um bom fim por vias falsas e simuladas, mas por meios verdadeiros. Portanto, a astúcia é um pecado até mesmo se for direcionada para um bom fim.

Sobre a terceira objeção, Gregório considerou como prudência do mundo tudo aquilo que pode pertencer à falsa prudência, de modo que ela também incluiu a astúcia.

Artigo 4: O dolo é um pecado relacionado com a astúcia?

Parece que o dolo não seria um pecado relacionado com a astúcia. Porque o pecado não tem lugar nas pessoas perfeitas, principalmente o mortal. Porém, certo dolo pode ser encontrado nessas pessoas, de acordo com 2Cor 12,16: "sendo astuto, conquistei-vos com dolo". Portanto, o dolo nem sempre é um pecado.

Além disso, o dolo parece pertencer principalmente à língua, de acordo com o Sl 5,10: "usaram dolosamente suas línguas". Ora, a astúcia, assim como a prudência, está no próprio ato da razão. Portanto, o dolo não faz parte da astúcia.

Ademais, está escrito em Pr 12,20: "o dolo está no coração daqueles que pensam coisas más". Mas nem todo pensamento de coisas más tem relação com a astúcia. Assim, o dolo não parece fazer parte da astúcia.

Pelo contrário, a astúcia visa ficar à espreita, segundo Ef 4,14: "com astúcia ficam à espreita para enganar". O dolo visa a mesma coisa. Portanto, o dolo faz parte da astúcia.

Como afirmado acima (Artigo 3), respondo que pertence à astúcia escolher caminhos que não são verdadeiros, mas simulados e aparentes, para alcançar algum fim, bom ou mau. Entretanto, a escolha de tais caminhos pode ser considerada de dois pontos de vista: do primeiro, no que diz respeito ao processo de planejamento mental desses caminhos, e isso se relaciona com a astúcia em sentido próprio, assim como pensar no caminho certo para um fim devido está relacionado com a prudência. De acordo com o segundo ponto de vista, a escolha desses caminhos pode ser considerada em relação à sua execução real e, nesse sentido, pertence ao dolo. Portanto, o dolo implica a execução da astúcia e, desse modo, é parte dela.

Assim sendo, em relação à primeira objeção, deve-se afirmar que, do mesmo modo que a astúcia é entendida adequadamente em um sentido mau, e indevidamente em um sentido bom, o mesmo acontece com o dolo, que é a execução da astúcia.

Quanto à segunda objeção, deve-se declarar que a execução da astúcia com o objetivo de enganar é efetuada antes de tudo por palavras, que ocupam o lugar principal entre aqueles sinais por meio de que uma pessoa indica alguma coisa a outra, como afirma Agostinho (*Sobre a doutrina cristã* II, 3). Portanto, a astúcia é atribuída principalmente à fala. Porém, o dolo acontece também nas ações, de acordo com o Sl 104,25: "e tratassem seus servos com perfídia". Existe dolo também no coração, segundo o Eclo 19,26: "seu íntimo está cheio de engano", este é o dolo no sentido de planejamento mental: segundo o Sl 37, os ímpios estudam enganos o dia inteiro.

Sobre a terceira objeção, deve-se dizer que quem quer que pense em praticar alguma ação maligna precisa planejar certas maneiras de atingir seu objetivo e, na maior parte das vezes, cria maneiras enganosas, pelas quais é mais fácil obter seu fim. Contudo, em certas ocasiões acontece que o mal é praticado abertamente e pela violência, sem astúcia e dolo; porém, como isso é mais difícil, é de ocorrência menos frequente.

Artigo 5: A fraude faz parte da astúcia?

Parece que a fraude não faça parte da astúcia. Pois não merece elogios a pessoa que se deixa enganar, que é o fim para o qual tende a astúcia. Mesmo assim, alguém pode merecer elogios por se deixar enganar, de acordo com 1Cor 6,7: "Por que não preferis sofrer a injustiça [a fraude]?" Por conseguinte, a fraude não pertence à astúcia.

Além disso, a fraude parece consistir na ilícita usurpação ou retenção de bens externos, pois está escrito, em At 5,1-2, que "certo homem, chamado Ananias, de comum acordo com sua mulher Safira, vendeu uma propriedade. Com a cumplicidade de sua mulher, reteve parte do preço e foi depositar o resto aos pés dos apóstolos". Ora, usurpar ou reter coisas ilegalmente diz respeito à injustiça ou à iliberalidade. Portanto, a fraude não pertence à astúcia, que se opõe à prudência.

Ademais, nenhum ser humano emprega astúcia contra si mesmo. Mas as fraudes de algumas pessoas são contra si mesmas; de fato, em Pr 1,18 mencionam-se pessoas que praticam fraudes contra suas próprias almas. Portanto, a fraude não pertence à astúcia.

Pelo contrário, o objetivo da fraude é enganar, segundo Jó 13,9b: "ou será [Deus] enganado como um ser humano por meio de vossas transações fraudulentas?" Ora, a astúcia é direcionada ao mesmo objetivo. Portanto, a fraude faz parte da astúcia.

Assim como o dolo consiste na efetivação da astúcia, respondo que o mesmo acontece com a fraude. Mas parecem diferir no fato de que o dolo diz respeito à execução da astúcia de modo geral, seja ela efetuada por palavras ou por ações, enquanto a fraude tem relação mais propriamente com a execução da astúcia por ações.

Quanto à primeira objeção, deve-se declarar que o Apóstolo não aconselha os fiéis a serem enganados, mas a suportar pacientemente o efeito de ser enganados e as injúrias infligidas contra eles por fraude.

Em relação à segunda objeção, deve-se afirmar que a efetivação da astúcia pode ser realizada por outro vício, do mesmo modo que a execução da prudência pelas virtudes, portanto, nada impede que a fraude esteja relacionada com a cobiça ou a iliberalidade.

No que tange à terceira objeção, deve-se afirmar que aqueles que cometem fraudes não planejam nada de mal contra si mesmos ou contra suas próprias almas, mas é por meio do justo juízo de Deus que aquilo que conspiraram contra os outros volta para si, segundo o Sl 7,16b: "cai na cova que fez".

Artigo 6: A solicitude é ilícita em questões temporais?

Parece que seria lícito haver solicitude em questões temporais. Porque um superior deve ser solícito para com seus súditos, de acordo com Rm 12,8: "presida com zelo". Ora, de acordo com a ordem divina, o ser humano é colocado sobre as coisas temporais: "tudo submeteste a seus pés" (Sl 8,7). Por conseguinte, as pessoas devem ser solícitas no que diz respeito às coisas temporais.

Além disso, todos são solícitos quanto ao fim para o qual trabalham. Ora, é lícito que uma pessoa trabalhe pelas coisas temporais pelas quais sustenta sua própria vida; porquanto o Apóstolo diz: "quem não quiser trabalhar que também não coma" (2Ts 3,10). Logo, é permitido ser solícito quanto às coisas temporais.

Ademais, a solicitude relacionada com as obras de misericórdia é louvável, de acordo com 2Tm 1,17: "quando [Onesíforo] veio a Roma, procurou-me com solicitude até me encontrar". Na verdade, a solicitude relacionada com as coisas temporais às vezes está relacionada com obras de misericórdia, por exemplo, quando alguém é solícito em zelar pelos interesses de órfãos e pobres. Portanto, a solicitude relacionada com as coisas temporais não é ilícita.

Entretanto, contrariamente a isso, Nosso Senhor disse: "Não vos preocupeis, dizendo: O que vamos comer? O que vamos beber? Com que nos vamos vestir?" (Mt 6,31), embora essas coisas sejam extremamente necessárias.

Respondo que a solicitude está relacionada com um esforço aplicado para obter algo. Ora, é evidente que o esforço é mais aplicado quando há medo do fracasso, de modo que há menos solicitude quando o sucesso é garantido. Por conseguinte, a solicitude sobre as coisas temporais pode ser ilícita de três maneiras. A primeira maneira diz respeito ao objeto da solicitude, ou seja, quando só buscamos como fim as coisas temporais. Por isso, Agostinho declara: "Quando Nosso Senhor disse: 'Não sejais solícitos...' foi para que os apóstolos não se ativessem a estas coisas, dedicando-se mais a elas que à pregação do Evangelho, que lhes fora ordenada" (*De operibus monachorum* XXVI). A segunda maneira em que a solicitude para com as coisas temporais pode ser ilícita é quando a pessoa emprega um esforço exagerado para obtê-las, afastando-se, assim, das coisas espirituais, que deveriam ser o objeto principal de sua busca; por causa disso, está escrito que a solicitude em relação a este mundo sufoca a palavra (Mt 13,22). A terceira maneira tem relação com o medo excessivo, a saber: quando alguém teme que lhe faltem as coisas necessárias mesmo depois de fazer o que deveria ter feito. Nosso Senhor dá três motivos para deixar de lado esse medo: em primeiro lugar, em vista dos favores maiores que são divinamente concedidos ao ser humano independentemente de sua solicitude, a saber: seu corpo e sua alma (Mt 6,26); em segundo lugar, pelo cuidado com que Deus auxilia animais e plantas, proporcionalmente à sua natureza, sem a assistência do ser humano; em terceiro lugar, a Providência Divina, cuja ignorância faz com que os gentios sejam solícitos na busca dos bens temporais acima de quaisquer outros. E assim Ele conclui que nossa solicitude deve estar relacionada principalmente com os bens espirituais, na esperança de que os temporais também nos sejam concedidos, segundo nossas necessidades, se fizermos o que devemos.

À primeira objeção, deve-se dizer que os bens temporais estão sujeitos ao ser humano, para que possa usá-los de acordo com suas necessidades, não para que ponha neles seu fim e seja excessivamente solícito em relação a eles.

À segunda objeção, deve-se afirmar que a solicitude de alguém que ganha seu pão pelo trabalho corporal não é supérflua, mas proporcional; daí que Jerônimo diga que o trabalho deve ser feito, mas sem uma solicitude excessiva, ou seja, do tipo que inquieta a alma.

Em resposta à terceira objeção, deve-se declarar que, nas obras de misericórdia, a solicitude sobre as coisas temporais é ordenada à caridade, como seu fim, e, portanto, não é ilícita, a menos que seja excessiva.

Artigo 7: Devemos ser solícitos quanto ao futuro?

Parece que deveríamos ser solícitos quanto ao futuro. Pois está escrito (Pr 6,6-8): "Vai ver a formiga, ó preguiçoso, observa seu proceder e torna-te sábio! Ela, que não tem chefe, nem fiscal, nem soberano, no verão prepara seu alimento, ajunta sua comida no tempo da colheita". Ora, isso é ser solícito quanto ao futuro. Portanto, a solicitude sobre o futuro é louvável.

Além disso, a solicitude faz parte da prudência, e a prudência é principalmente relacionada com o futuro, já que sua parte principal são providências sobre coisas futuras, como dito anteriormente (q.49, a.6). Portanto, é virtuoso ser solícito quanto ao futuro.

Ademais, quem guarda algo para conservá-lo para o dia do amanhã é solícito quanto ao futuro. Sobre isso, lemos em Jo 12,6 que o próprio Cristo tinha uma sacola para guardar as coisas, que Judas carregava, e que os apóstolos guardavam o dinheiro das vendas dos imóveis que havia sido depositado a seus pés (At 4,4-37). Portanto, a solicitude quanto ao futuro é lícita.

Contrariamente a essas objeções, Nosso Senhor disse: "Não vos preocupeis com o dia de amanhã..." (Mt 6,34), onde "amanhã" representa o futuro, como Jerônimo diz em seu comentário sobre essa passagem.

Respondo que nenhum trabalho pode ser virtuoso a menos que esteja revestido das devidas circunstâncias, entre elas o devido tempo, segundo Ecl 8,6: "pois há um tempo e julgamento para todas as coisas...", o que se aplica não apenas a atos externos, mas também à solicitude interna. Pois todo tempo tem sua solicitude apropriada: a solicitude sobre as colheitas pertence ao verão, a solicitude sobre a safra à época do outono. Por conseguinte, se já no verão alguém fosse solícito para com a safra, estaria antecipando desnecessariamente uma preocupação do futuro. Daí que ao proibir tais preocupações excessivas dizendo: "não vos preocupeis com o dia de amanhã...", Nosso Senhor acrescente: "o dia de amanhã terá suas próprias dificuldades", ou seja, o amanhã terá sua própria solicitude, o que será um fardo suficiente para a alma. É isso que Ele quer dizer ao adicionar: "A cada dia basta o seu peso", ou seja, seu ônus de solicitude.

Sobre a primeira objeção, deve-se dizer que a formiga é solícita no tempo certo, e é isso que nos é proposto que imitemos.

Quanto à segunda objeção, deve-se afirmar que a devida providência das coisas relacionadas com o futuro pertence à prudência. Mas seria uma providência ou solicitude desordenada das coisas relacionadas com o futuro se alguém buscasse as coisas temporais, às quais se aplicam os termos "passado" e "futuro", como fins, ou se as procurasse além das necessidades da vida presente, ou se se ocupasse de antemão do tempo da solicitude.

No que tange à terceira objeção, como diz Agostinho, quando vemos um servo de Deus tomando providência para que não lhe faltem estas coisas necessárias, não devemos julgá-lo como solícito para com o amanhã, pois até Nosso Senhor, para nosso exemplo, tinha uma bolsa. E, no Livro de Atos, está escrito que os apóstolos buscaram os meios necessários de subsistência para o futuro em vista de uma fome iminente. Portanto, Nosso Senhor não condena alguém que, de acordo com o costume humano, busque tais coisas, mas aquele que se opõe a Deus por causa delas (*De Sermone Domini in monte* II, 17).

Artigo 8: Esses vícios originam-se da cobiça?

Parece que esses vícios não se originariam da cobiça. Pois, como foi dito anteriormente (q.43, a.6), é por luxúria que a razão mais padece em sua retidão. Ora, esses vícios opõem-se à reta razão, a saber, à prudência. Por conseguinte, originam-se principalmente da luxúria, especialmente se pensarmos que o Filósofo disse na *Ética* (VII, 6) que Vênus é cheia de dolo e seu cinto é variegado, e que aquele que é incontinente no desejo faz uso de artimanhas.

Além disso, esses vícios têm certa semelhança com a prudência, conforme afirmado anteriormente (q.47, a.13). Porém, uma vez que a prudência está na razão, eles parecem ser mais semelhantes aos vícios espirituais, como a soberba e a vanglória. Portanto, os vícios anteriormente mencionados parecem originar-se mais da soberba do que da cobiça.

Ademais, o ser humano faz uso de estratagemas não apenas para apoderar-se de bens alheios, mas também para planejar assassinatos, isto faz parte da ira e aquilo da cobiça. Ora, o uso de estratagemas refere-se à astúcia, ao dolo e à fraude. Portanto, os vícios acima mencionados originam-se não apenas da cobiça, mas também da ira.

Pelo contrário, Gregório (*Moralia* XXXI, 45) afirma que a fraude é filha da cobiça.

Respondo, conforme dito anteriormente (a.3; q.47, a.13), que a prudência da carne e a astúcia, bem como o dolo e a fraude, têm certa semelhança com a prudência no que diz respeito a algum tipo de uso da razão. Ora, entre todas as virtudes morais, é na justiça, que está no apetite racional, que o uso da reta razão mostra-se principalmente. Por conseguinte, o uso indevido da razão aparece com máxima evidência nos vícios opostos à justiça, o principal dos quais é a cobiça. Portanto, os vícios acima mencionados originam-se principalmente da cobiça.

Quanto à primeira objeção, devemos declarar que, por causa da veemência do prazer e da concupiscência, a luxúria suprime inteiramente a razão do exercício do seu ato, enquanto nos vícios acima mencionados há algum uso da razão, embora desordenada. Daí que esses vícios não se originem diretamente da luxúria. Porque, quando o Filósofo diz que Vênus está cheia de dolo, está se referindo a uma certa similaridade com a razão, na medida em que a luxúria toma posse do ser humano repentinamente, como quando é movido a praticar ações enganosas, porém não por meio de astúcia e sim pela veemência da concupiscência e do prazer; por isso, acrescenta que

Vênus enlouquece o juízo até do mais sábio (cf. *Ilíada* XIV, 214-217).

No que tange à segunda objeção, deve-se dizer que agir por meio de artimanhas parece fazer parte da fraqueza de espírito, já que uma pessoa magnânima desejará ser transparente em todas as coisas, como diz o Filósofo (*Ética* IV, 3). Por conseguinte, como a soberba tem certa semelhança com a magnanimidade, ou finge tê-la, segue-se que os vícios acima mencionados, que usam a fraude e o dolo, não se originam diretamente da soberba, mas da cobiça, que busca seu próprio lucro e está pouco interessada na superioridade.

Sobre a terceira objeção, devemos dizer que o movimento da ira é repentino, e, portanto, age com precipitação e sem conselho, contrariamente aos vícios acima mencionados, embora neles se usem conselhos desordenadamente. O fato de algumas pessoas utilizarem estratégias para planejar assassinatos não surge tanto da ira, mas mais ainda do ódio, porque o irado deseja prejudicar de modo manifesto, como afirma o Filósofo na *Retórica* (II, 2, 3; cf. tb *Ética* VI, 6).

Questão 56

Sobre os preceitos da prudência

Devemos agora considerar os preceitos da prudência, sobre os quais há dois temas de investigação:

- o primeiro, sobre os preceitos da prudência;
- o segundo, sobre os preceitos dos vícios opostos.

Artigo 1: Os preceitos do Decálogo deveriam incluir um preceito da prudência?

Parece que, entre os preceitos do Decálogo, deveria haver um que dissesse respeito à prudência. Pois um preceito relacionado com a principal das virtudes deveria ser incluído nos preceitos principais. Ora, os principais preceitos são os do Decálogo. E já que a prudência é a principal das virtudes morais, parece que entre os preceitos do Decálogo deveria haver sido oferecido um sobre a prudência.

Além disso, o ensino do Evangelho contém a lei, principalmente no que diz respeito aos preceitos do Decálogo. Ora, no ensino do Evangelho há um preceito sobre a prudência: "sede, pois, prudentes como as serpentes" (Mt 10,16). Portanto, entre os preceitos do Decálogo, deveria haver um relativo à prudência.

Ademais, os outros documentos do Antigo Testamento são direcionados aos preceitos do Decálogo; assim, está escrito em Ml 3,22: "Lembrai-vos da lei de Moisés, meu servo, a quem eu prescrevi no Horeb leis e preceitos para todo Israel". Ora, nos outros escritos do Antigo Testamento há preceitos sobre a prudência, por exemplo em Pr 3,5: "não te apoies em tua própria inteligência", e mais adiante em Pr 4,25: "que teus olhos olhem sempre para frente, e teu olhar siga reto para diante!" Portanto, na lei também deveria haver um preceito relacionado com a prudência, especialmente nos preceitos do Decálogo.

O contrário, porém, é evidente para quem recapitula os preceitos do Decálogo.

Como foi dito acima (I-II, q.100, a.3, a.5) quando tratávamos dos preceitos, respondo que os mandamentos do Decálogo, que foram dados a todo o povo, são, de fato, uma questão de conhecimento comum a todos, e, de certo modo, pertencem à razão natural. Ora, entre as coisas ditadas pela razão natural estão principalmente os fins da vida humana, que, na ordem prática, são princípios equivalentes àqueles que naturalmente são conhecidos na ordem especulativa, o que se evidencia pelo que foi discutido anteriormente (q.47, a.6). A prudência, no entanto, não se relaciona com um fim, mas aos meios para chegar a um fim, por isso não foi conveniente que fosse acrescentada aos mandamentos do Decálogo. Contudo, todos os preceitos do Decálogo estão relacionados com a prudência, na medida em que dirige todos os atos virtuosos.

Sobre a primeira objeção, deve-se dizer que embora a prudência seja, em sentido simples, a principal entre todas as virtudes morais, a justiça, no entanto, mais que qualquer outra virtude, diz respeito ao conceito de dever, condição necessária para um preceito, conforme discutido anteriormente (q.44, a.1; I-II, q.99, a.1, a.5). Portanto, os principais preceitos da lei, que são os do Decálogo, deveriam referir-se mais à justiça do que à prudência.

Quanto à segunda objeção, deve-se dizer que o ensino do Evangelho é a doutrina da perfeição. Por conseguinte, era necessário nela instruir perfeitamente o ser humano em todos os assuntos relacionados com a conduta correta da vida, sejam eles fins ou meios. Assim, era mister, no ensinamento do Evangelho, que fossem dados preceitos também acerca da prudência.

No que tange à terceira objeção, deve-se afirmar que assim como uma das partes do ensino do Antigo Testamento é direcionada aos preceitos do Decálogo como seu fim, também foi conveniente que, em ensinamentos subsequentes do Antigo Testamento, os seres humanos fossem instruídos sobre os atos de prudência, que se relacionam com os meios ordenados a esse fim.

Artigo 2: Os preceitos proibitivos que dizem respeito aos vícios contrários à prudência são apresentados adequadamente na Lei Antiga?

Parece que os preceitos proibitivos relacionados com os vícios contrários à prudência não teriam sido apresentados adequadamente na Lei Antiga. Pois os vícios que são diretamente contrários à prudência, como a imprudência e suas partes, não são menos opostos a ela do que aqueles que lhe têm certa semelhança, como a astúcia e os vícios colaterais. Ora, estes vícios são proibidos na Lei, pois está escrito em Lv 19,16: "Não propagues calúnia entre o povo"; e em Dt 25,13: "Não terás na bolsa dois pesos, um grande e um pequeno". Portanto, também deveria haver preceitos proibitivos acerca dos vícios que são diretamente contrários à prudência.

Ademais, há espaço para fraudes em muitas outras coisas além da compra e venda. Portanto, a lei proibiu inconsistentemente a fraude apenas no comércio.

Além disso, existe a mesma razão para prescrever um ato de virtude e para proibir o ato de um vício contrário. Mas atos de prudência não são prescritos na lei. Portanto, nenhum vício contrário deveria ter sido proibido na lei.

Entretanto, é o contrário que fica evidente nos preceitos da lei citados na primeira objeção.

Respondo, como afirmado acima (Artigo 1), que a justiça, antes de tudo, diz respeito à noção de dever, que é uma condição necessária para um preceito, porque a justiça é dirigida a dar ao outro aquilo que lhe é devido, como veremos mais adiante (q.58, a.2). Ora, o pecado da astúcia, quanto à sua execução, é cometido principalmente em questões de justiça, como declarado acima (q.55, a.8); portanto, era apropriado que a lei contivesse preceitos que proibissem a execução da astúcia, enquanto relacionada com a injustiça, como quando alguém faz uso de dolo e fraude para caluniar outra pessoa ou roubar-lhe os bens.

Sobre a primeira objeção, portanto, deve-se dizer que os vícios que são diretamente opostos à prudência não fazem parte da injustiça da mesma maneira que a execução da astúcia, e, por conseguinte, não são proibidos na lei, como são a fraude e a astúcia, que fazem parte da injustiça.

Quanto à segunda objeção, deve-se dizer que toda fraude e dolo cometidos em matéria de justiça podem ser entendidos como proibidos na proibição da calúnia (Lv 19,13). No entanto, a fraude e a astúcia costumam ser praticadas principalmente no comércio, segundo está escrito em Eclo 26,29: "um revendedor não se justifica pelos pecados dos lábios", por esse motivo que a lei continha um preceito especial que proibia a compra e a venda fraudulentas.

No que tange à terceira objeção, deve-se afirmar que todos os preceitos da lei relacionados com atos de justiça pertencem à execução da prudência, assim como os preceitos proibitivos do roubo, da calúnia e da venda fraudulenta concernem à execução da astúcia.

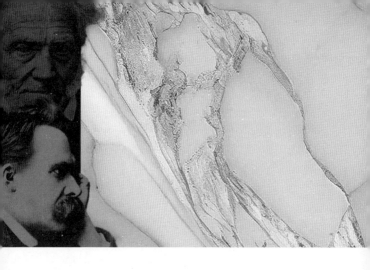

Veja outros livros do selo *Vozes de Bolso* pelo site

livrariavozes.com.br/colecoes/vozes-de-bolso

Veja outros livros
do selo Vega de Bolso
pelo site

Conecte-se conosco:

f facebook.com/editoravozes

◉ @editoravozes

𝕏 @editora_vozes

▶ youtube.com/editoravozes

◯ +55 24 2233-9033

www.vozes.com.br

Conheça nossas lojas:

www.livrariavozes.com.br

Belo Horizonte – Brasília – Campinas – Cuiabá – Curitiba
Fortaleza – Juiz de Fora – Petrópolis – Recife – São Paulo

EDITORA VOZES LTDA.
Rua Frei Luís, 100 – Centro – Cep 25689-900 – Petrópolis, RJ
Tel.: (24) 2233-9000 – E-mail: vendas@vozes.com.br